ちくま学芸文庫

現代語訳 応仁記

志村有弘 訳

筑摩書房

はじめに

応仁の乱は、日本の合戦史上でも類を見ない、長期にわたった戦いであった。

京都の町は、しばしば天災・人災に見舞われた。時代がさかのぼるが、鴨長明が『方丈記』の中で記している養和《ようわ》の飢饉では、疫病も流行したものだから、二カ月間だけでも洛中で倒れ死んでいた人の数は、四万二千三百余りもあったという。埋葬することもできないから、死体の放つ臭気は一面にたちこめ、まさにその光景は地獄絵さながらであったろう。

応仁の乱の数年前にも凶作が続いて、京都の町は餓死する者の山となった。『碧山《へきざん》日録《にちろく》』によると、寛正《かんしょう》二年（一四六一）の正月・二月だけで洛中の死者は、八万二千人であったという。賀茂川（鴨川）に山となった死体は、水の流れをさえぎったそうだ。死体の大半は、埋葬することができないから、賀茂川に投げ込まれたものに違いない。そうした情勢とは関係なく、幕府は国民に重税をかけた。

足利家の将軍職をめぐって争いが起こった。なかなか子供が生まれなかった義政は、弟の義視《よしみ》を還俗《げんぞく》させて次期の将軍職を譲ろうとした。そこに、日野富子に子（義尚）が生まれ、なんとしてでも義尚を将軍に就けたい富子は山名宗全を頼り、一方、義視は細川勝元を頼る。将軍職継嗣問題と管領問題とがからみあい、京の町は東西に別れて戦いが始まった。応仁の乱である。のちに義視は、勝元との不和から山名宗全を頼ることになったり、人間関係は複雑にからまりあうが、十一年の長期にわたった応仁の乱は、美しい京の町を廃墟と化してしまった。こうした応仁の乱の顚末を伝えたものが、『応仁記』である。

一九九四年三月

著者識

目次

巻第二

現代語訳　応仁記

凡例

一、本書の底本には『群書類従』巻第三百七十六所収『応仁記』（群書類従・第二十輯合戦部〈続群書類従完成会、昭和七年十月十五日発行、昭和五十四年七月十五日訂正三版第四刷発行〉）を使用した。

一、訳出にあたって、適宜、言葉を括弧の中で補ったり、注を附したりした。また、歌は適宜仮字を漢字にし、濁点を附した。

一、原文で目次の題と本文中の小見出しとが違っている場合は、正しいと思われる方に統一した。

応仁記巻第一

目録

乱前御晴のこと

応仁丁亥《ひのとい》の年（応仁元年・一四六七）、天下は大いに動乱し、それから永く五畿七道がことごとく乱れた。その起こりをたずねてみると、尊氏将軍から七代目の将軍義政公が、天下の成敗をしっかりとした管領にまかせず、ただ御台所《みだいどころ》（日野富子のこと）、あるいは香樹院、あるいは春日局などという、理非をわきまえない、公事・政道を存ぜぬ若い女房・比丘尼《びくに》たちの考えで、（政治は）酒宴・淫楽《いんらく》のまぎれにとりきめられていた。

また、伊勢守貞親や鹿苑院《ろくおんいん》の蔭涼軒などが評定《ひょうじょう》したので、当然与えなければならぬ所領を、それまで贔屓《ひいき》や賄賂《わいろ》によって訴人に理屈をつけ、また奉行所より（訴人ではない）もとのあるじが安堵してもらうと、御台所より恩賞が与えられるというありさまであった。

このように、目茶苦茶なありさまであったから、畠山の両家（義就・政長）も、文安元年（一四四四）甲子《きのえね》より今年にいたるまで二十四年のあいだに、（将軍家から）互いに勘当をこうむったことは三度、赦免されたことは三度に及んだ。（両者には）なんの不義もなく、またなんの忠義もなかった。それで、京の童のことわざに、「勘当に科《とが》なく、赦免に忠なし」と笑った。

また、武衛《ぶえい》両家（斯波《しば》義敏・義廉）がわずか二十年のあいだに改動《かいどう》（職や地位を改め動かすこと）されたことは二度である。これはみんな、伊勢守貞親が色を好み淫着し、贔屓したためである。これに加えて、大乱の起こる前兆であったのであろうか、公家・武家共に大いに奢《おご》り、都鄙《とひ》遠境の人民までも華麗さを好み、諸家は派手にふるまい、万民の窮状は言語道断のことであった。

これによって、万民は憂悲苦悩して、夏《か》の時代の民が桀王の妄悪を恨んで、「この日はいつか滅びるだろう。我は汝と共に滅びよう」と歌ったように、もしこのとき忠臣がいたならば、どうしてこれを諫《いさ》め申さないのだろうか。しかしながら、ただ「天下は破れれば破れよ、世間は滅びるならば滅びよ。人はどうであれ、我が身さえ富貴ならば、他よりは一段と華やかに振る舞おう」という状態になっていった。

だから、たとえば五、六年のあいだに、一度の晴《はれ》の儀式を行うのでさえも諸家にとってゆゆしき大儀であるのに、この間続いて九度も執り行われたのであった。まず一番目に将軍家の大将の拝賀の準備、二番目に寛正五年（一四六四）三月に行われた観世の河原猿楽、三番目に同年七月の後土御門院の御即位、四番目に同六年三月に開かれた花頂若王子大原野の花見の会、五番目に同八月八幡の上卿《しょうけい》、六番目に同年九月の春日御社参、七番目に同十二月の大嘗会、八番目に文正元年（一四六六）三月の伊勢御参宮、九番目に花の御幸である。

だから花御覧の準備は、百味百菓で作り、御前の御相伴《しょうばん》衆の道筋をば金でもって展《ひら》き、御供衆の道筋をば沈香《じんこう》で削り、金で作った逆鰐口《わにぐち》（神殿・仏殿の軒に釣る鳴り物。ふつう、銅製）を掛けるというありさまであった。このようにして、おのおのが装いをこらそうと奔走したものだから、皆所領を質に置き、財宝を売り払ってこのことに勤めた。諸国の土着の民に課役をかけ、段銭《だんせん》（即位・内裏の修理・将軍宣下・道路の修理などの費用にあてるため、臨時に田地の段別に応じて一国単位に課した税金）棟別《むなべつ》をきびしく催促したので、国々の名主・百姓は耕作することが不可能になった。田畑を捨てて乞食となり、足の向くままに苦しみ、さまようだけであった。

（その結果）すべての国の村里は大半が野原となってしまった。ああ、鹿苑院殿（足利義満）の御代《みよ》には倉役《くらやく》（室町時代、土倉・質屋に課した税）は四度であったのに、普広院殿（足利義教）の御代になってからは、一年に十二カ度もかかったのであった。（ところが）当御代（足利義政の時代）は（さらにきびしくなり）臨時の倉役といって、大嘗会のあった十一月は九度、十二月は八度であった。

また、この御代には、借銭を踏みつぶそうとして、前代未聞の徳政（売買・貸借の契約を破棄すること。室町時代には、窮乏した土民が土一揆を起こして、幕府に徳政発布をしばしば強要した）ということが十三度も行われたので、倉方も地下方（一般の農民や庶民）となって、すべて絶え果ててしまった。

だから、大乱の起こることを天があらかじめ示されたものか、寛正六年（一四六五）九月十三日夜の十時ごろ、南西から北東へ光る物が飛び渡った。天地が鳴動して地面が突然折れ割れ、世界が震裂するかと思われた。「ああ、あきれたことだ。異朝の周（中国古代の王朝）の時代にすでに滅びようとして、房星《ぼうせい》（二十八宿の一つ）が飛んで七廟の祭が衰えたことを示し、周室が傾いた状況と同じだ」と諸人は心に思いながらも、（役人の目をはばかって）はっきりと言う人もいなかった。

また、翌年の文正（一四六六）と改元した九月十三日の同じ時刻に（房星が）もとの方へ飛び帰ったのは不思議であった。天狗流星というものであったとかいうことである。それでは仏の致したわざであったのだろう。

天狗の落とし文《ぶみ》ということを書いて歩く者もいた。「嘘だ」と笑ったけれども、（書かれてあった内容が）おおよそ当たっていたのは不思議であった。その中に「徹書記（正徹のことか）、宗砌《そうぜい》、音阿弥、禅空は近日こちらに来るだろう」と書いてあったが、果たして皆その年に死んだのであった。『中庸』に「国家がまさに滅びようとするとき、必ず妖孽《ようげつ》がある」（孽《げつ》は災い）という。妖孽とは、草物の類の妖をいい、虫豸《ちゆうち》（虫と獣）の類を孽という。妖の災いさえ大変恐ろしいのに、まして天変の恐ろしさはいうまでもない。殷の宗王は徳を修め、雊雉《こうち》の災い（災異の前兆）を消し、宗景帝は善言で熒惑《けいこく》の災い（兵乱の前兆）をとどめた。先賢は皆このようであったという。

熊谷訴状のこと

そのころ、近江の国塩津の住人で熊谷という奉公の者がいた。智・仁・勇の三徳を兼ね備えて文武に惑《まど》いを持たない者であった。当代のご政道がまっとうでないことを悲しんで、密かに諫言《かんげん》を綴って訴状を進上した。義政将軍がご覧になり、（熊谷の）金

言にたちまちに耳を逆立《さかだ》てたのであろうか、激怒して、

「その戒《いまし》めるところは一つとして道に外《はず》れていないけれど、その役目でないのに法を行い、諫言をするとは、狼藉《ろうぜき》というものである。『史記』に『その器でなくてその官に居るのは、天事を乱す』とある」

と言って、所領を没収され、熊谷左衛門を追放してしまったのはあきれたことであった。

このように諸人が（義政を）うとみ申しているということをお聞きになり、万事むずかしくお思いになったのであろうか、義政将軍は御年がまだ四十にもなっておられないのに、いやになってしまわれ、御弟の浄土寺殿御門跡（のちの足利義視）を還俗《げんぞく》させて将軍職を相続し、それからご隠居の身となった。ほしいままに老いらくの栄華を開こうとお考えになったのであった。

そもそも君子というものは「七十にして心の欲するところに従って矩《のり》を踰《こ》えず」とさえいうのに、そうではなくて、すでに、

「浄土寺殿へ御世を渡そう。近日還俗せよ」

と仰せ出されたのであった。御門跡は再三辞退申され、

「理髪（元服または裳着《もぎ》のとき、頭髪を成人の髪にととのえること）のこと（還俗すること）など決してあってはなりません」

とご返事したので、重ねて御使者を立てられて、

「もしも今よりのちに若君が生まれたならば、幼少のときから法体《ほったい》（僧のこと）になし申そう。御家督《かとく》を改易《かいえき》するなどあるはずがない。さらに偽りがないことは、大小の冥道《みょうどう》（冥界にあるもろもろの仏たち）、神祇《じんぎ》（天の神と地の神）の照鑑《しょうかん》（神仏が見ていること）にまかせる」

と書いて遣わされたので、浄土寺殿は、

「これほどにお約束するうえは、なんの相違があろうか」

と言って、法衣を解いて投げ捨て還俗して、加冠《かかん》して左馬頭義視と名乗ることになった。御外戚の三条殿へお移りになり、今出川殿と申された。近習《きんじゅう》・外様《とざま》の面々は、日夜朝暮に出仕の装いをこらし、（義政と義視の）両御所の御番を勤めたのであった。

若君誕生のこと

こうしているところに、（義政が）ご隠居することは延引した。わけは、御台所《みだいどころ》（日野富子）がご懐妊したということで、世間の人は大騒ぎとなり、（若君が）ほどなく誕生した。若君でいらっしゃったので、「桑の弓、蓬《よもぎ》の矢の慶賀」（男子が誕生したとき、桑の弓によもぎの茎で作った矢をつがえ、四方を射て将来を祝福する）と天下の評判となり、京中の僧も俗人も、

「ああ、大果報の若君だ」

と言わない者はいなかった。

さて、御台所は、「なんとしても、この若君を世に立て参らせよう」とお思いになり、今出川殿をさげすまれて、

「どんな不思議なことでも起これよ」

とお思いになっていた心は、はたして天下の乱れとなった。

ここに、御台所は一所懸命に思案していたが、「諸国の大名小名の中で山名金吾（山名宗全。金吾は衛門督のこと）ならば、一家の規模も大きく、諸大名に婿《むこ》がたくさんいる。威勢は並びない」とお考えになり、「この入道を頼りとして、（若君を）世に立てたい」と、みずからお手紙で、若君のことを頼むむねを書いて山名殿にさしあげら

れた。

「あの（若君の）ご生涯のさま、ともかくご進退をお許らいになって下され。私は三十歳の春を迎えて優曇花《うどんげ》の花（この花は、仏教では三千年に一度、開くという。この花が開くときは、金輪王が出現するといい、また、如来が現れ出るともいう）を待ち得た気持ちがして、たまたまもうけた若君を剃髪させ墨染め衣の姿にやつし参らすことは、嘆かわしい物思いの種で、不本意でございます。決してこのことを人にお漏らしになるな」

と書かれて、山名に送られた。

持豊《もちとよ》入道（山名宗全）は、このお手紙をいただき、はっと思い出したことは、「細川右京大夫勝元（幕府管領。細川持之の子）は、今出川殿の後見としてまるで親父のようである。また、権勢並ぶ人もなくあれこれと（意のままに）計らい沙汰している。今出川殿が公方《くぼう》の地位にいたならば、我らにとってはろくなことはあるまい。この勝元はわしの婿でありながら、わしの敵の赤松次郎法師を取り立てているのは無念なことである。だから、わしもその覚悟をしよう。今、御台所の仰せに従って若君を預かり申して、畠山義就《よしなり》（管領畠山持国の子）を取り立て政長《まさなが》（畠山持富の子。畠山持国の養子となったが、義就が誕生すると、追われて細川勝元を頼った）を追放したならば、さだめて

(政長と)勝元とは一味であるから、勝元は政長を贔屓して合力するだろう。そのとき、同罪として沈没させ、赤松以下一味の族《やから》を追却しよう。そうであるなら、こちらはたちまち力がつくだろう」と考えた。(それで)御台所へ、

「ご内書の旨、かしこまって承りました」

というご返事を出した。

武衛家騒動のこと 附《つけたり》 畠山のこと

文正《ぶんしよう》元年(一四六六)の夏四月に、武衛の義敏と義廉《よしかど》とのあいだに家督の争いが出て来て騒動となった。そのわけは、武衛の惣領千代徳丸が長禄三年(一四五九)四月に早世したので、家督相続の息子を亡くして、大野修理大夫持豊の一男義敏を取り立て、右兵衛佐に任じて家督を相続させたからである。

しかしながら、(義敏は)まもなく家老たちと不和になり、甲斐、朝倉、織田の三人に、

「新参の主が普代の家長に対して、このようにわがままなことはあるべきことではな

い。これでは、武衛の家督、三職《しき》（三管領。室町幕府の重職である管領になる家柄。斯波・細川・畠山の三家）の座にすえることはできない」

と評定して、伊勢守貞親を頼って訴えた。

貞親の妾は、甲斐の妹であったから、内縁であることを理由にしきりに訴えたので、時日を移さず将軍の耳に達し、ただちに義敏は勘当の身となった。

渋川治部少輔義廉を取り立て、斯波右兵衛督として三職の座に置いた。五、六年を経て、義敏は大内右京権大夫教弘《のりひろ》を頼って西国へ下向していた。そのころ、伊勢守貞親に新造といって寵愛無双の新しい女がいた。その妾と義敏の妾とが姉妹であったので、この内縁にすがって貞親を頼みとしたので、まず、義敏の息子松王丸を鹿苑院の蔭涼軒真蘂《いんりようけんしんずい》西堂の弟子として、この僧をも頼りとした。

貞親は、公方《くぼう》（義政）の御童名の名付け親である。（義政は）新造を「御母」と申し上げた。（伊勢貞親は義政と）これぐらい遠慮のないあいだがらであったから、一大事となるはずのことを顧《かえり》みないで、あの西堂とともに義敏赦免のことをしきりに（義政に）申し上げたのであった。貞親の子息兵庫頭貞宗は父に向かって、

「義敏の身柄をひとえにお取り持ちになることは、よくありません。一大事になりま

しょう。そうなったら、ついには天下の騒動となります。よろしくありません」

と申されたけれども、承引することなく、結局は貞親から勘当されてしまった。まことに忠言は耳を逆立て、良薬は口に苦い。また、（昔）平清盛は（子の）重盛が教訓されたのを承引することなく、帝の心に背いて家を滅ぼしてしまったのである。「貞宗も君のため、家のためにこのように申されたのだ」と、のちに人は話し合ったのであった。「時節の梅花は春風を待たず」ということがあるので、人為《じんい》ではなく天のなす災いにおいてはなすすべがないというものの、（これは人の）心から起こった災いである。

さて、義敏は許されて、寛正六年（一四六五）乙酉《きのととり》冬に西国より上洛して、同十二月二十九日、父修理大夫入道道顕（斯波持種）と相伴い、（義政と義視の）両御所へ出仕された。大名の次々のあいさつはいつもの通りであった。早くも人の心は変わり、諸人は義敏をもてなすのであった。次の年の文正元年（一四六六）の夏のころ、貞親がしきりに（義政に）申すので、義廉は出仕を停止され、そのうえ、

「勘解由小路《かでのこうじ》の家を義敏に渡すこと」

という上使が（義廉のもとに）頻繁に出された。

甲斐・朝倉以下は、

「いったい、なんの緩怠《けたい》もなく、面目を失いなさるのは無念なことだ」

と言って、山名入道は義廉を婿に取る約束で、近々祝儀を行うとのことだったので、急いで山名にこのことを告げて嘆いた。

山名入道は、静かに（話を）聞いて、大いに怒り、

「奇怪である。この儀においては、いかに上意であったとしても、わしもともに義廉の館へ入って、上使を待って戦いをしよう」

と準備をした。すでに分国の軍勢を（上洛するようにと）うながした。

義廉は、尾張の守護代織田兵庫助、その弟与十郎に軍をつれて上洛させ、越前・遠江の軍勢も上洛させた。京都には甲斐・朝倉・由宇・二宮という仕えている者たちが大勢いるというのに（ここまで大きくしたのは）思慮が足りなかった。勘解由小路の屋形では、（山名軍が）所々に櫓《やぐら》を上げ、楯を垣根のように並べて（敵が来るのを）待っていた。

「建武以来、都でこのようなことはなかった」

と、（人々は）話し合った。さて、敵とも味方とも知らず、用心のために国の所領から

軍勢を上洛させた。

そのとき、山名に仕えている垣屋・大田垣ら十三人が連署のうえ諫《いさ》めて、

「そもそもこのたびの武衛のことは、たいへんご立腹のことと存じます。しかしながら、義廉は（山名家にとって）内々の親しみである。上意はまた主君の恩道である。だから、前漢の王陵は母の死をかえりみず、樊噲《はんかい》は老母を捨てて高祖に忠節を尽くしたと承っているが、今更公儀に違背し、私縁だけを大切になさるのは、いかがお考えでしょうか。聖徳太子の憲法の書に『君をば天とし、臣をば地とする』とあります。地が天をくつがえそうと願うならば、ただちに壊《こわ》れます。上意に背かれましたならば、御家のきずはまったくこれに過ぎるものはないと考えます。これについて（思いますことは）、当家から上臈《じょうろう》の方を一人公方へ参らせられたならば……。あの武衛へ（嫁ぐ予定の）約束の御寮人を公方へお入れになって下さいませ。もしもこのことをご承引せずに御合戦をするならば、我ら一同は出家入道し、今日から高野山の小川に棲《す》むことに致します」

と、まことに心から諫めたのは奇特《きとく》なことであった。

山名入道は、この諫言状を投げ捨てて笑い、

「おのおのの忠言はよくない。道によって道を沙汰するなど、わしは今まで知らないことであった。水上が濁れば、つまりは下流の水は澄まない。政道が紛糾したならば人民は穏やかにならない。わしは馳せ向かって、この謀計をめぐらす奴等を討って無念を晴らすことにしよう。たとえ、わしが公方に対して不忠になったとしても、そのことはかまわない。嘉吉年中（一四四一～一四四四）に赤松満祐が若輩の身でありながら普広院殿（足利義教）を討ち奉った。そのとき、細川讃岐守、六角、武田など雲霞《うんか》の如く播州へ馳せ向かったけれども、蟹坂の合戦で赤松に切り返され、人丸塚へ引き退き、対陣して日を送ったが、わしは但馬口より攻め入り、満祐の立て籠る木山の城を切り落とし、将軍家の親の首を取った。ご本意を達するためには、わしのすることであったら、少々のわがままはきっと許してくれるであろう。それからまもなく六七年経って満祐の弟彦五郎を召し出して播州へ入れられたのを、そのときわしは、手勢を引き連れて播州へ下り、彦五郎を切腹させた。『礼記』に『父の敵《あだ》は倶《とも》に天を戴《いただ》かず』とあるが、どのような田夫野人の身であったとしても、親の敵には遺恨を含むものだ。亡父の敵、幽魂の鬱憤《うつぷん》を感じない公方であるから、わしの行動が上意と違っても、おのおのは身を謹んで出頭衆《しゆつとうしゆう》を頼り、（自分を）贔屓《ひいき》してくれる者についたらよい。

高野山の小川に棲《す》むことなどあってはならぬ」

と言って、そこの座敷を立った。仕切りの障子をさっと立てて、中から大声でわめいたことは、

「そもそも大名の身で、不義不忠というのであれば、管領に仰せ出され、諸大名と評定して、その過失に従って出仕を停止されたらよい。または許すものかどうかを決めればよい。あの伊勢守のはからいとして、三職の家をこのように処置し、先に畠山の家を処置し、また武衛家をひねり倒した。そこで考えると、今日は義廉の身の上、明日はまた我らの子孫を処分することは明らかである。おのおの方は残り給え。わし一人、義廉の館へ入って、一緒に腹を切ることにしよう」

と怒ったので、家来の者たちは、

「『父がもしも子の諫めを聞き入れなければ、言葉を変えて父に従う。主君がもしも臣下の諫めを用いないならば、口をふさいで主君に従う』ということわざがある。どうして御意《ぎょい》に背くことがあろう」

と、その用意をして、

「公方勢が打ち立ったと聞いたら、武衛の屋形へ馳《は》せ入れ」

とのことであったから、山名の一族ならびに土岐・一色・六角方もひしめき騒ぎ、天下のあわただしさは限りなかった。（次のような）落書《らくしょ》があった。

義敏ハ二見《ふたみ》ノ浦ノ海士《あま》ナレヤ伊勢ノワカメヲ頼ム計《ばかり》ゾ

（義敏は、二見の浦の海士なのだろうか、伊勢の若布〈伊勢貞親〉を頼るだけである）

空蟬《うつせみ》ノウツ、ナキ世ニ出《いだ》ストモツリシ義敏ハイリイヨカシ

（空蟬のはかない世の中に出すといっても、釣った義敏は出ないで中に入っているが良い）

世ノ中ハ皆歌読《うたよみ》ニ業平ノ伊勢物語セヌ人ゾナキ

（世の中の人はすべて皆歌人になってしまった。在原業平の『伊勢物語』を真似しない人はいない）

こうして山名入道の願いの通り、二、三十日して義廉は赦免され出仕することができたのであった。そのときの馬上の供は、先陣が甲斐、後陣は朝倉であった。落書が

あった。

組置《おき》シ竹ノ力ノ強ケレバ張リスマシタル渋川子カナ

〈組み置いた竹の力が強いので、張りすました渋川子よ〈注・斯波義廉は、渋川義鏡の子〉〉

（この落書は）どのような者が申したのであろうか。

今出川殿は、義廉を贔屓にしていたので、この乱が起こるとともに、公方様とは御義絶《ぎぜつ》のような状態であった。今出川殿は勝元の屋形へ密かにおなりになった。お供には一色伊予守範直、同九郎親元の両人だけであった。また、「伊勢守貞親と蔭涼軒（真蘂）とが天下を乱しているので、面目を失っている」という（公方の）上意を伺い、山名方から討手を遣わすと告げ知らせたので、同六日、蔭涼軒も貞親も同備前守も新造を連れて近江路を指して落ちて行った。有馬治部少輔入道も貞親と日頃の情によって同道したということであった。同日に義敏も北国の方へ落ちて行った。

同九日、山名は同心の大名と連判であれこれ貞親の不義を（義政に）訴え申し上げ

た。（義政は）貞親を追放する旨の御教書を出された。山名入道は、

「とりわけ蔭涼軒を殺害するのがよい」

と申した。赤松次郎法師（政則）が出頭したことは、蔭涼軒があれこれかけずりまわったせいか。これも御教書を出されたけれども、貞親も蔭涼軒もそれより前に落ちのびて行った。

貞親の跡は兵庫頭（貞宗）が賜った。同十一日、室町殿（義政）より今出川殿へ日野内府を御使者として、

「少しも意趣はないものである。このうえは、早々にお帰りになるように」

との御直筆の御文があった。（また、義政から）

「まだお考えがある場合は、お話になるように」

とのことであったけれども、（今出川殿が）まったく御同心にならないので、一色伊予守が進み出て、

「すでに御自筆がございます。しかし、内府が意見を申しているのですが、ことさら等持院殿（足利尊氏）以来、御自筆の御告文は承る必要はありません。このうえはお帰りにならないのはよくありません」

ということを申し上げられたので、義視公も御同心になった。内府も勝元も伊予守に感服された。(今出川殿は)さっそく還御になった。右京大夫勝元が(今出川殿を)守護申されたので、まことに人の耳目を驚かしたのであった。

こうして洛中は静かになり、何事もないと思っているところに、また畠山政長の従弟右衛門佐義就が久しく御勘気をこうむって籠居していたのだが、(このたび)山名入道のはからいで赦免をこうむって上洛してきた。

これは、政長と勝元とは仲間だから、山名が義就を取り立てて、政長を追い失う計画をめぐらし、そのついでに勝元方をも滅ぼそうというはかりごとであった。そもそも、畠山右衛門佐義就は、徳本入道の総領であったのだが、享徳の頃(一四五二〜一四五五)、その身の行いが悪く、天魔《てんま》波旬《はじゅん》(仏道のさまたげをなす魔王のこと)のしわざであろうか、遊佐、神保をはじめとして家来たちが違背して義就を捨て、みな政長に付き、尾張殿(政長)を総領として仰ぐことを申した。このことが将軍家の聞くところとなり、公方様も、(義就が)あれこれ殿中においてわがままが多かったので、内々義就を勘当したいとお思いになっていたので、ただちにご同心になった。

さて、義政がとりわけ気持ちを害しているということだったので、義就は若気ゆえに京都にとどまることができずに伊賀国へ下向した。父左衛門入道徳本は近年病気で、建仁寺の西来院は徳本の塔頭《たっちゅう》なので、この寺に隠居されていたのを、尾張守は上意を受けて、伯父徳本を請うて、家督相続のことを定めるために、畠山阿波守入道を迎えに参らせた。ただちに徳本は京を出た。これは病気だということであった。一族に西方という者が出京されたことを口惜しく思い、父子従類七人残って一同に腹を切った。辞世の歌を連ねて子の義就のもとに送った。

カバネヲバ東ノ山ニ残セドモ名ハ西方ニ有明ノ月

（死骸をば東の山に残したとしても、勇名は西方に有明の月のように残ることである）

その後、また、「義就と政長は和談するように」との上意で、（政長は）ただちに上洛したけれども、重ねて上意に相違して河内の国に下向した。若江の城にいたが、政長は御下知をこうむり、近国勢を相《あい》うながし立田へ越えた。小勢であるということを聞いて、義就は遊佐河内守国助、誉田《こんだ》三河守、同遠江守をはじめとして猛勢で押し掛けた。政長の方は近国の兵が御下知に応じながら、まだ馳せ集まらず、京勢もまだ着陣していない。わずかな小勢で、ひとたまりもなさそうだったので、

「どうしようか」

と諸人が思っているところに、政長は龍田明神の宝前に祈念して少しも騒がずにいた。ここに寄手《よせて》の遊佐の手勢の中に馬場という初参の者が、軍勢をあまた持っていたので先陣を申し付けた。先陣にいた中村という者は義就がおられたので、国の守護代の下知であったのだろうか、若江に残し置かれた。だから、岡部という者こそが先陣を務めるだろうと思っていたところが、初参の馬場に申し付けられた。（馬場は）

「平生の公事ぐらいのことならよいが、先陣はいやだ」

と申した。案の定、進まないでためらっているのを岡部弥六と弥八の二騎が馬場が控えている前を通って、

「先陣は大事なものだ」

と叫び、

「これを見よ」

と言って、鳥居の前で数時間戦って、兄弟は同じ場所で討死にをした。これを見て崩

れて行くところを誉田三河守、同遠江守も討死にをした。遊佐も誉田両人が討死にしたということを聞いて取って返し、これも討死にした。

義就は若江城で、

「自害しよう」

と仰せになったのを諫めて、わずか百余人で金剛山のふもとの嶽山に立て籠った。金胎寺、寛弘寺、観真寺、観正寺、国見山、ここかしこの外城を構えたのであった。公方勢は尾張守（政長）が相手だから申すまでもなく広川というところに陣を取った。総大将管領代細川讃岐守成之《しげゆき》、同兵部少輔勝久、同淡路守成春、同阿波守勝信、同刑部少輔勝吉、山名弾正忠是豊、武田大夫信賢、弟治部少輔国信、鵜飼、望月、関、長野、伊勢国司勢も打ち立った。

毎日攻めることは我も我もと思われたなかでも、山名弾正是豊は備後の軍勢を引き連れて、七度攻め上って七度崩された。七度目に城中は退屈していたので、義就自身が太刀を取って切って出て崩したので、日もすでに暮れたから（是豊は）本陣に帰った。

その後、義就は力尽きたのであろうか、嶽山を退いて吉野山に引き籠った。（昔）

小倉皇子が執政の皇子を恐れて吉野山に隠れたこととは違っているけれども、これも上意を恐れたので、末頼もしく思われた。

そうしているところに、山名入道は、嶽山合戦での義就の働きの様子を伝え聞いて涙を流し、

「弓矢を取っては当代比類がない。不憫《ふびん》なことだ」

と思われた。ことの起こりは、もっぱらこの入道がわがままで、家のありさまはこのようなものであったが、正気を失っている状態で、「今の世にどこにこれほどの弓矢取りがおろうか。わしとこの人とが手を結んだならば、洛中に相手になる者はおるまい」と思っていた。

義就もこのたび諸家を敵にしてみたところ、「山名ほどのつわものはあるまい。ああ、立派な武士だ。わしとあやつが仲間であったならば、誰が敵対できようか」と思い願った。

おりふし、内通することもあったのであろうか、日野内府を通して北小路殿（義政か）を頼み申し、御台所（日野富子）へ時々申したけれども、公家衆など頼み申すだけで上洛の手段はなかったのに、山名金吾は、「今度武衛のことゆえにすでに上意に

背くといえども、勝元は敵であるものの婿である。義廉も婿である。一色修理大夫は孫の婿である。土岐美濃守は仲間である。その他に味方となる者はいない。義就を味方に付けたならば、政長一人は安泰であろう」と考え付いて、姉の比丘尼安清院を御台所のもとへ日参させ、

「畠山義就が牢籠していることは、なんという不忠でありますか。（義就は）退いて身を山林に隠し、晴れてのご赦免を待っているのです。ともあれ御許しをいただいて、速やかに召されたならば、若君の遠い御守護となるはず」

と訴えられた。

畠山義就は、武衛の騒動にチャンスを得たのであろうか、文正元年（一四六六）九月上旬に熊野北山を出立して河州へ入国した。政長の守護代遊佐河内守長直に、

「守護するように」

と下知された。長直は若江の城を密かに処置し、大堀を二重三重に開けさせ、兵糧塚を築き、矢楯の岡を作り、軍勢は四、五千ばかりいたが、一戦にも及ばずに追い落とされ、長直の舅、奈良の筒井の法橋《ほっきょう》のもとへ落ちて行った。これによって、義就は手足にさわるものもなく楽々と河内に入国し、自分の家の子国助の子息を元服させて遊

佐河内守と号させた。

さて、御台所が訴え申したので、（義政から）

「義就のことはすでに赦免」

と仰せ出された。山名は、

「わしの面目は、なにごともこれに勝るものがあろうか」

と言って、さっそく熊野へ申し下した。義就は多年の蟄懐《ちつかい》が一時に開けて、十一月二十五日に上洛した。路の行列は装いをこらし、馬前の矢負いははでやかさを極め、一騎当千の士卒が五千余騎で、千本の地蔵院に着陣した。日を選んで出仕を遂げ、ただちに山名入道のもとに行って、

「このたび、わたしが出仕致すことは、重ね重ねそなたの御芳志による」

と畏敬の情を示しながらお辞儀をした。山名も
「佐殿《すけどの》の御上洛のことはただ自分にとっても大慶だ」

と祝い、夜を通して酒宴の興をもよおされたのであった。

その朝、義就の宿である地蔵院の門の扉に落書があった。

右衛門佐イタヾク物ガ二ツアル山名ガ足ト御所ノ盃《さかづき》

（右衛門佐はいただくものが二つある。山名の足と御所の盃）

さて、今年も末の松山となり、新玉《あらたま》の年が立ち返ったので、文正の年号を捨てられて応仁と改められた。内裏では元日の 政《まつりごと》と朝拝の節会を行い、武家公方にも三管領四職を先として、近習外様の人々が衣装の装いをこらし、恒例であるから酒宴を現在の管領である政長が盛大に務めた。また、翌日は二日の朝より、管領が御成《おなり》初めだから、その設けを準備したが、山名の讒言《ざんげん》があったのであろうか、

「明日の御成は考えていることがあるので、その儀はあってはならない。しばらく出仕してはならない」

ということを仰せ下された。

そのとき、政長が述懐したことは、

「この四、五年、八カ度の大きな晴の会を第一として勤め、まことに一所懸命に奉公したと思うのに、格別御感に預からなかった。なにゆえの勘当であろうか。まったく合点がゆかない」

と語った。

義就・政長闘乱のこと

右衛門佐義就は、このことを聞いて大いに喜んで、

「政長がすでに御勘気をこうむったうえは、一日片時（わずかの間）も京都におられまい。さあ、あの館はもともと我らの館であったのだから、あそこへ移ろう。たとえ今夕館に隠れていたとしても、御勘当の身として否《いな》とはよもや言うまい。この義就が馳せ向かって政長を追い出してこそ積年の鬱憤を晴らすことができる。おのおのがたはいかが思うか」

と言った。すると、遊佐、誉田、隅屋、甲斐庄は、

「もっとも、もっとも」

と申した。

そのとき、政長の執事神保宗右衛門尉長誠がこのことを聞いて、

「こちらから佐殿（義就）の御在所に攻めかけて、このたび恨みを晴らすべきところ

を、館を受取りに軍勢が派遣されるのは、幸運が向こうからやって来るみたいなものだ。それならば、わしも館の近所へ移ろう」

と二条京極の家から館の前にある仏陀寺へ上がって、館といっしょに固めて、櫓《やぐら》を造り立てて密かに挙げ、外堀・内堀を掘りめぐらした。（一方）政長も名大将である。殊に勝元が贔屓《ひいき》していることなので、もてあましたのであろうか、義就も長僉議《ながせんぎ》に日を送り、正月も中旬になってしまった。

正月十五日、山名家は宴会のことを例年と同じように務めた。ことが終わっても退出せずに、一味の者や親しい大名どもを召し集めて、まず今出川殿へ参上し、

「急いで室町御所へお成りあれ」

と勧めたので、（今出川殿は）取るものもとりあえずお成りになった。

山名に同心の人々は、吉良左京大夫義勝、斯波左兵衛佐義廉、畠山右衛門佐義就、同左衛門佐義統《よしむね》、同宮内大輔教国《のりくに》、同左馬助政栄《まさひで》、右馬頭政純、同中務少輔政光、同播磨守教光、一色左京大夫義直、同兵部少輔義遠、同五郎政氏、同左馬助政兼、同治部少輔政熙《まさひろ》、同民部少輔吉原蔵人、同下山刑部大輔貫益、同民部少輔教長、仁木右馬助教将、土岐美濃守成頼、赤松伊豆守の子息千代寿丸、佐々木六角亀寿丸、同山内宮

内大輔政綱、富樫幸千代丸、同又次郎家延をはじめとして山名入道の嫡孫少弼《しょうひつ》政豊、同兵部大輔政清、同相模守教之、摂津守永椿、同五郎左馬助豊光、五郎宗幸、宮田民部少輔教実、宮内少輔豊之、上総七郎政之、以上一味の大名三十四人で、彼等は花の御所を囲んで、

「そもそも、畠山義就が御赦免をこうむり、（都に）まかり上って来て、万里小路《までのこうじ》の館へ移ったところに、細川勝元が政長を許容致し、協力せずに違乱に及び、また上意に背いたことは、反逆の根本はこれ以上のものはない。上使を立てられ、その子細を尋ねて、政長に合力することを止めさせ、世上の騒ぎを鎮められるのがよろしいでしょう」

と訴えた。（義政は）

「このことは、もっともなことだ」

ということで、ただちに上使を立てられた。だが、勝元は決して承服せず、

「ご返事はやがて言上しよう」

と言って、御使者を帰された。

さて、花の御所へは細川方より攻め寄せて来るということで、日番・夜回りは暇《いとま》が

なかった。（一方の）細川方では御所から討手が出向くということで、面々に手分けをしていた。勝元の方へ馳せ集まる大名には、吉良右兵衛佐義直、同上総介義富、赤松次郎入道政則、同貞祐、同道祖松丸、山名弾正忠是豊。是豊は金吾の弟で、故民部大夫の養子である。養父が普広院殿（足利義教）のお供として赤松に討たれたとき、勝元の計らいで是豊に跡目を相続させた。そのことを思い、一家を離れて細川方へ馳せ来たのである。その他、佐々木京極入道正観、同中務少輔勝秀、同京極四郎政信、武田大膳大夫信賢、同治部少輔国信、富樫鶴童丸、細川一門では讃岐守成之、兵部大輔勝久、右馬頭入道道賢、中務少輔政国、民部少輔教春、淡路守成春、阿波守勝信、刑部少輔勝吉、仁木兵部少輔成長、同土橋四郎政永、この人々が館の内で半蔀《はじとみ》（戸の一種）、遣戸《やりど》を取り払い、上土門を押し開けて、勝元の猶子《ゆうし》六郎殿を大将と仰いで、庭上には一門・他家の人々並びに馬回りの衆が兜の星を輝かせ、鎧の袖をゆり動かして（すきまのないように）稲麻竹葦のように囲んで五、六千人が並んでいた。西大路をば安富民部丞元綱が入江殿の西に釘貫《くぎぬき》門（門・柵の一種。柱を立て並べて横に貫《ぬき》〈細長い板〉を通したもの）を打って三千人で堅《かた》めた。安楽光院をば内藤備前守が兜の緒を締め、三千余人が馬の腹帯を堅めさせて小躍《こおど》りして（今か今かと）控えていた。

山名入道は、両御所を守護し奉り殿中にいながら、

「政長、勝元らを御退治しなければ、天下は正常ではあるまい」

と、しきりに申したけれども、（義政の）御領掌《りようしよう》の上意はまったくなかった。落書があった。

春来レバ又打カヘス畠山ナヲイサカヒノ種ヲマクラン

（春が来ればまた打ち返す畠と同じように、また畠山は争いの種を蒔《ま》くことだろう）

御霊合戦のこと

畠山右衛門佐は自分の手勢を手配した。一陣は誉田、甲斐庄、平の千余人が入江殿の門の前に西に向かって控えていた。一陣は甲斐庄、二陣は遊佐が堅めた。諸家の衆に甲斐、朝倉、垣屋、太田垣などが、一条室町より上は光照院殿まで尺寸の地も余さず兵が充満していた。

将軍家はこのことをお聞きになり、

「諸家がこのように集まって贔屓《ひいき》し、互いに合力しようと願うのでは、天下は安穏《あんのん》ではあるまい。所詮両畠山のことはそれぞれ合力せず、ただ（義就と政長だけの）取り合いで勝負を決したらよい」

と仰せ出された。

山名はこのことを承って、

「四日のあいだ苦心した甲斐もなく隊伍を整えるのをやめよとは……」

と嘆いた。義就は（将軍家の言葉を）聞くやいなや、

「御下知の旨、もっとも願っているところである。一人で勝負を決することは積年の本望だ。自分の手勢だけで、明日、政長の宿所の春日万里小路へ押し寄せ、勝負を決しよう。剛臆《ごうおく》のほどをご見物されよ」

と申された。

また（将軍家は）勝元方へも「この時に合力したならば御敵と考えることにする」との御内書も出された。（使者として）伊勢備中守、飯尾下総守を遣わされた。しかしながら、（勝元は）やはり承諾した由を申さなかった。

今出川殿より細川民部少輔教春《のりはる》を召されて、

「勝元へ政長と義絶するように言え」

と再三仰せ含められた。教春はかしこまって、

「上意の趣きは確かにお伝えすることに致します。もしも聞き入れられないときは、この身の進退も考えましょう」

と申し上げた。

教春は立ち帰り、(今出川殿の考えを)勝元に申し含めた。勝元は君臣の道を間違えない人である。そのうえに、伯父入道道賢が一緒になり、教春もしきりに申したので、どのような深い考えがあってのことか、

「合力致さぬ」

という御請《おうけ》を申した。

この由を伝え聞いて、神保宗右衛門尉が政長に向かって申したことは、

「このほどは義就方と戦うといっても、御約諾だから勝元より合力があるだろう。京極方も仲間と思っておりましたところに、京兆《けいちょう》(京職。京都を治めた役所。左京職と右京職に分かれ、司法・行政・警察のことなどを司った。一色京兆か)は当方へ『合力してはならない』との御請を申されたと承っております。敵は諸家が一味となって室町殿にお

りますので、いかに上意といっても密かに加勢することでしょう。そうであるならば、屋形は要害のない平原だから、猛勢を受けての合戦はできないと思われる。攻めるも引くも時と場合によると申すことがございます。ここを捨てて上御霊へ行き、藪を小楯にして戦ったならば、しばらくは持ち堪《こた》えることができるでしょう。もしも難儀な状況になったとしても、(かまわずこのままにして)京兆の矢倉の前でどうでも(わしらを)討死にさせて、それをご覧になるというのでありましょうか。また、安富民部丞と私は若年の時より親しい間柄だから、京兆の上意を重んじて加勢することがなかったとしても、民部はまさか見放しはしますまい。もしも適《かな》わないと見えたならば、公方を敵方に取籠め申し上げよ。禁中はなんの用意もあるまい。内裏へ乱入して院内を取り奉り戦いをしたならば、当方に味方する人々も皆あとで参られるであろう。おの方の意見をお尋ね下され」

と申したので、政長は、

「もっともなことだ」

と納得して、屋形に火をかけて、遊佐、神保を引き連れて(上御霊へ)行った。南都の成真院光宣も馳せ参じた。その他、葉室権大納言教忠卿も日頃政長と約諾があった。

また、敵対できないとき、院内を取ってしまおうというはかりごとをめぐらすために（政長は遊佐らを）引き連れて行ったのであった。

正月十七日夜、御霊の森へ引き籠った。政長はどのように思ったのであろうか、東河原へ回って上ったのを、諸軍の兵はただ逃げ落ちて行くものと心得て、（それぞれ）散り散りに落ちて行った。義と金石とを比較して、御霊に籠る兵は二千に足らないという噂であった。

山名方では、夕方、政長が上御霊へ引き退いたと聞いて、山名金吾は大いに驚き、この人々が内裏へ乱入したらどうしようと、ただちにこの旨を（帝に）、

「室町殿へ行幸・御幸なって下さい」

と、伝奏をもって奏聞したので、ただちに主上・上皇は三種の神器を先に立て、花の御所に行幸した。供奉の公卿は皆遅れまいと馳せ集まる。門の外、庭の上にはさまざまな下部が軍兵たちに交じって満ちていた。義就は勝に乗じて、

「逃げる者は追いかけるのが一番だ」

と、明《あく》る十八日の早朝に御霊へ押し寄せてきた。

この御霊の森の南は、相国寺《しょうこくじ》の藪大堀、西は細川の要害なのであるから北と東口よ

り攻め入った。義就方の遊佐河内守が馬より飛び下り、真っ先に進んで攻め掛かったので、兵たちは次々と馬から下りて争い競って攻め込んだ。早くも鳥居の脇の唱門士村に火をかけた。

おりしも愛宕山の山下は風に降る雪が煙とともに寄せ手の目口へ吹き入り、（兵たちは）進むことも退くこともできずに呆然《ぼうぜん》としていた。このありさまを見て、内より見すまして、当時無双の精兵の手利《てき》きである竹田與二《よじ》を先として、皆いっせいに矢をそろえて射かけたので、義就方の先駆けの大将である河内の国の住人で文徳天皇の末裔という坂戸源氏閑井をはじめとして、先手は皆射落とされて倒れたので、遊佐の手勢の負傷者も六百人余りとなった。この方面も藪の中よりさんざんに射出したので、楯も鎧もどうにもならなかった。中でも哀れに思われたのは、十三、四歳ばかりの子どもで薄化粧にお歯黒をしていた者が、華やかな具足に袴のももだち（袴の左右上部の、腰の側面にあたる開いた部分）を高く上げ、黄金《こがね》造りの小太刀を抜いて軍兵どもの先に進み、

「政長の御方に志ある人は出合い給え。打物《うちもの》して見せ申さん」

と名乗って駆け出したところを、藪の中より射た矢で胸板を射通されて倒れたので、

郎等と思われる者が空しい死骸を楯に乗せて帰っていった。京中の者が街に立って合戦を見物していたが、

「あれは、楠の末裔で、和田、隅屋、甲斐庄といって河内に三人おるが、あの小児は隅屋の二郎という者の子である。あの者の父は先年嶽山の合戦のとき、義就が鷹の茂みにかかって姿が見えなくなったのを方々を探しあぐねていたときに、『敵の陣中にいる』と聞いて、華やかに出立《いでた》って、政長の陣中の広門というところに入り、（義就を）連れ帰って名を挙げた剛の者の子である。子は父の業を継ぐとはこのようなことを申すのだろう」

とおのおの悲しみ、また、感嘆しない者はいなかった。

こうして朝倉孝景は日の旗を差し、新手となって入れ替った。政長は小勢であるけれど、覚悟していたことだから、午前六時ころより晩景に及ぶまで何度も寄せ手を押し立てた。山名政豊は入れ替って攻めたけれど、結局攻め煩《わずら》っているように見えた。

夜になったので、寄せ手も構えの内の兵も互いに、

「夜の合戦はどうにもならぬ」

と引き退いて、対陣して人馬を休息させたのであった。こうしているところに、神保

宗右衛門尉が安富民部元綱のもとへ使者を遣わして、

「今日の戦いで疲れてしまった。『合力することは諸家おのおの停止せよ』というのが、上意でございますうえは、是非もないことであります。そうであるけれども、酒樽を一ついただきたい。政長へ献じて最後の宴を致し、一斉に腹を切ろうと思う。また、今朝、矢を背負っていた者が河原から逃亡して着陣していないので、木鋒（機鋒か。刀のきっさき、転じて兵の意か）を少し合力して下さい」

と申し送ったので、勝元はこれを聞いて、

「日頃の盟は浅くない。ひとたび上意といっても、どうして合力しないでおられようか」

と考えた。しかし、勝元は無双の智者で、はかりごとをめぐらす大将だから、

「この合戦だけで政長の運を開くことはできにくい。敵は公方も今出川殿も一所に取り籠め奉り、諸家も自然と一味のように成っていっている。そのうえ、禁裏も仙洞も皆取り奉っている。たとえ勝元一人が合力したとしても、結局適《かな》うまい。まずこのたびは自害した真似をして（敵を）引き入れて、敵に一利あるように思わせ、その後油断した頃合に討って出て、公方様を（こちらに）取り奉り、味方一同の族《やから》をうながし

御所を守護し、おのおの君の御敵を倒して御教書を申し下し、山名、義就などを退治しよう」

と考えをめぐらした。政長、神保もこの考えは当然だと思い、返事はせずに鏑矢を一つ使者に渡された。それで、政長も諸卒も合図の合点があったのであろうか、ただちに討ち取った敵の死骸を取り集め、御霊の拝殿に火をかけ、相国寺の藪をくぐり、皆行方知れずになっていった。


さて、義就の士卒は皆疲れてしまったので、諸家より加勢して一、二万人が篝火《かがりび》を焚いて点《とも》したので、敵陣より火が燃え上がったものだから勝《かち》に乗じて、

「余すな、漏らすな」

とわめき叫んで攻めかかった。


火が強かったので、皆退いた。焼け静まってのちに拝殿を見ると、焼け損じた死骸がたくさんあった。

「政長もこの中にいるのだろう。政長は終日拝殿で下知されていたのを見た」

と言う人があまたいた。

「さても昨日・今日まで管領として人に恐れられ、多くの晴の儀式を勤めて、大いに

褒められなさったのに、今このように滅びなさったことのいたわしさよ。また、言う甲斐のないのは勝元の働きよ。それ、危うきに至って命を全うするのはこれは兵法である。たとえ今、まだ聞いていない、見ないのあいだがらであったとしても、頼るというのであれば、これほどに思い切って合力しないということはあってはならない。まして、多年の結盟の仲ではないか。すでに自分の館に放火して頼ろうとして来た人を目の前で責め殺して、さても平気でおられるものだ。前代未聞のことよ」と、つまはじきをして噂しあった。後のことを考えずに、人がこのように思ったのも道理である。落書があった。

フル具足五両マデキテ尾張殿細川キレヲ頼ムハカナサ

（古い具足を五両まで着て、尾張殿は細川の切れ端を頼むはかなさよ）

細川ノ水無瀬ヲ知ラデ頼ミキテ畠山田ハヤケソ失ヌル

（細川の水のないことを知らないで頼ってきて、畠山は焼けてなくなってしまうことだ）

無性ナル竹ヲ頼ミテ尾張籠クムヨリ早クフチゾ離ル、

（どうしようもない竹を頼って尾張殿は籠を組む以前に縁《ふち》を離れてしまった）

　このように見るところが偏っている者たちは申すけれど、勝元を贔屓する人がいて申したことは、

「誠の忠臣と申すのは、これであろう。弓矢の瑕瑾《かきん》と言うのは無念である」

と言った。

　尾州へ合力あるべきところだが、おのおのあいだを開けられてしまったので、君臣が思いがけない御敵になることを恐れて、公私の御大事を恥辱に代えて我慢したのであった。軍勢もはかりごともどうして劣ることがあろうか。代々名人の末裔である。先祖の頼之のことまで申し出して褒め奉った。しかしながら、政長が行方知らずということなので、山名も義就も天下はすでになにごともなくなったと泰平を歌い、喜悦の顔を現わし、

「この上は何事もあるはずがないので、まず諸軍勢どもは皆国々へ下ってよい」

といって、お暇を賜った。

　このほど在洛して窮乏した兵たちは、白雁が籠を出て、泥魚が水を得た心地がして、

千秋万歳と太平楽を歌い、自分の国へ帰っていった。同二十日、主上が還幸なるべき由を仰せ出されたので、主上、一院、女院、宮々も室町殿より内裏へ還幸された。去る十八日、行幸の儀式には事変わって、今出川殿も御送りのために供奉されたので、大名があまたお供をして、警蹕《けいひつ》（天皇や貴人の通行や神事のときに、声をかけて人々を静め戒めること）の声が前後を払い、厳重なことであった。

応仁記巻第二

目録

勝元方、蜂起のこと

都の中が静かになったので、そうでなくとも奢侈《しやし》を極めた山名方、畠山方であったので、「これから先まず相手になる大名はおるまい」と、明《あけ》ても暮れても酒宴・猿楽・田楽に日を送り、世を世とも思わず、天下にまた人がいないかと見えた。

ほどなく三月三日になったので、山名父子、同相州、同因幡守護、同美作《みまさか》大夫、斯《し》波《ば》右兵衛佐義廉、畠山右衛門佐義就、同能登守護、一色左京大夫、土岐左京大夫成頼、佐々木六角四郎高頼などが美麗を尽して出仕を遂げられた。これは皆山名一揆の人々である。花の御所でのご挨拶が終わって、ただちに今出川殿へ参られた。その距離はわずかに二町ばかりであるから、乗物には乗らず、皆歩行であった。その行列のありさまは善を尽し、美を尽し、美しく飾って出立した。鄭白《ていはく》は衣装に明けたというが、(この行列の人々も)太刀・刀には金銀珠玉を打ち含め、まるで崑崙《こんろん》山に桃花を散らしたかと疑った。このように美しい粧い、花玉を磨く上下の人は三千人である。この費えはまるで天下の大半を尽してしまうだろうと思われるほど、おびただしいものであった。

しかしながら、細川方と京極方とは一人も出仕せず、毎日夜な夜な会合してはさまざまな内談・評定をしていた。勝元の伯父右馬頭入道が、勝元に向かって申したことは、

「去る正月の恥辱を諸人の嘲るところとなったことは、どのようにお思いになっているだろうか。一度会稽《かいけい》の恥をすすがずにはおれまい。情ない人々の覚悟よ」

と、悲涙を押さえて申したので、香河、内藤、安富、薬師寺、秋庭以下も、

「もっともだ」

と申した。

勝元は愁いの涙を流して、

「去る春、政長に合力がなかったことだが、当家はまだ一日でも御敵となったことはない。当代において、あやつらにおし隔てられ、心ならずも御敵となったことは口惜しいことだ」

と語った。この右馬頭は尾張守に合力することを涙を流してとどめ、また、今も涙を流して申し進めたので、人々は「上下のない入道」と名付けたのであった。

おのおのが評定したことは、

「花の御所の四つ足門の前は、一色京兆《けいちょう》の亭だから、実相院殿と御倉正実の在所をこちらで陣を取ってしまい、赤松伊豆守の在所と讃岐守の館を一続きにしたならば、左京大夫の在所は西陣と隔たって、とうてい持ち堪えられまい。それにしても、山名方ではこれほどの思慮をめぐらしてはおるまい。まずは要害造りを急ごう」

と言って、めいめいに堀を掘らせ、塀を付けさせ、城構えをしたので、京童どもや山名方の者たちがこれを見て、

「合点のゆかぬ堀・塀だ。政長が御霊で攻め殺されたときさえ、合力せずに嘲りを万人から受けたような臆病神が、今どうして……。賊後の弓の要害か」

と言って笑った。

山名と勝元は婿《むこ》と舅《しゅうと》の間柄だから、日頃の両家は下々《しもじも》までも軒を並べていたのに、にわかに心を隔てて塀をあいだに付け、釘貫を差していた。どのような者がしたのであろうか、金吾方へ矢文を射た。

討《う》テナクバヤメヤ山名ノ赤入道手ツメニ成レバ御所ヲ頼リヌ

（討てないなら止《や》めろよ、山名の赤入道よ、きびしく攻めたてられると御所を頼ったことだ）

さて、畠山政長は奥郡に隠れていたが、機を狙っていた兵をうながし、勝元のところへ参上した。遊佐、神保は粉河寺より馳せつけた。勝元は大いに喜び、手勢の多少を知るために、まず着到《ちゃくとう》を付けたところ、勝元の手勢は摂州・丹州・土佐・讃岐、その他の諸国の被官（在地領主や土豪の家来）など馬回り衆六万余騎、同讃岐守成之が阿波・三河両国を率いて八千余騎、同備中守が四千余騎、同淡路守が三千余騎、同和泉守護が二千余騎、同下野守が二千余騎、同右馬頭が二千余騎、他家の衆では斯波右兵衛佐義敏五百余騎、畠山左衛門佐政長が紀伊・河内・越中国をうながして五千余騎、京極大膳大夫持清が出雲・飛驒・江州を率いて一万余騎、赤松次郎政則が播磨・備前・美作の軍勢五百余騎、富樫介が五百余騎、武田大膳大夫国信が安芸・若狭の軍勢三千余騎、その他に官軍は公方の近習、外様、諸国の同心の被官六万人、合計十六万一千五百余騎と記した。

応仁元年（一四六七）五月十日、赤松次郎が播磨の衆、牢人どもと播州・備州の両国へ乱入した。本国のことだから、百姓・土民に心を合わせ、なにごともなく手に入った。美作は山名修理大夫政清の伯父掃部頭《かもんのかみ》が在国してしっかりと堅めていたので、切り入りたく思ったけれども、京都が先であったので、まず上洛した。

伊勢へは土岐の世保五郎政康が打ち入った。しかしながら、（そこには）一色の被官石川佐渡守入道道悟、その子蔵人親貞が守護として在国していた。彼は先年、伊勢・志摩の国人たちが、京兆に背いたときもこの入道道悟は簡単に従えてしまった。尾張の国海東郡波津が崎に牢人一揆が起こったときも、打ち従えた兵だから、世保をもたちまち追い出してしまった。

伊勢の国亀山の関豊前守盛元が世保を婿に取り、悪党をうながして攻めたけれども、石川はものともせず、城をしっかりと堅めていた。

「早々に上洛するように」

との飛脚が往来したので、そこを捨てて不本意ながら上洛した。

また、尾州・遠州へは義敏の牢人どもが打ち入った。若州へは武田信賢が下向して、一色衆が斉庄・今富の両庄にいたのを追い出した。さて、

「『はかりごとが漏れると軍に利がない』という（兵法の）本文があるので、敵に先立

って実相院を取れよ」

と、武田大膳大夫に陣取りをさせた。ここは、勝元の構えの内に続いていた。一色左京大夫の隣である。小川の西である。小川より向こうは正実坊である。ここを一色は構えにしていたのを、五月二十四日に大和の浄心院が打ち入り、正実坊に陣を取った。

一色左京大夫はくやしかったけれども、「『今度、天下の手初めがあるだろう。人々は御敵にされるであろう』とかねて上意があったので、浄心院と戦いをすることはできない。まず山名殿に相談してからのちに無念を晴らそう」と思って、山名のもとへ出た。

浄心院は、ただちに（一色の）跡を塞《ふさ》ぎ、夜が明けると二十六日、敵・味方と別れて矢戦《やいくさ》を始めた。この実相院殿・正実坊を山名方より陣取って、一色の館より花の御所まで一続きにしようと、かねて山名が評定《ひようじよう》していたが、一色が館を捨てて、早々に西陣へ退いたのを、一首の狂歌に詠《よ》んだ。

円頓《えんどん》者実相院ヲ持カネテ一色一香恥ヲコソカケ

（円頓者実相院を持ちこたえかねて、一色左京大夫〈義直〉は恥をかいてしまった）

山名金吾も軍勢の多少を知ろうと、着到を付けていた。まず山名入道の軍勢は但馬・播磨・備後並びに諸国の家来合わせて三万余騎、同族では相州・伯耆・備前五千余騎、因幡守護三千余騎、同修理大夫が美作・石見の軍勢を率いて三千余騎、他家の人々では武衛義廉が越前・尾張・遠江の衆一万余騎、畠山右衛門佐義就が大和・河内・熊野の衆をうながし七千余騎、同修理大夫義純が能登勢を率いて三千余騎、一色左京大夫義直が丹後・伊勢・土佐の衆五千余騎、土岐左京大夫成頼が美濃衆八千余騎、六角四郎高頼が近江衆五千余騎、大内新介政弘が周防・長門・豊前・筑前・安芸・石見の軍勢を二万余騎、伊予の河野が二千余騎、この他に諸国の合力一万余騎で、合計十一万六千余騎と記した。

所々合戦のこと

勝元は一色が引き退いた以上は、あらかじめ内談していたように、

「公方を警護致すのがよい」

と言って、翌日に出仕し、御旗・竿をいただいて、四足の御門に御旗をさし揚げて、まことにきびしく用心して、人の出入りを差し止めた。

ただちに一門・他家の人々を召し集めて評定して、軍勢の配置をした。まず、大手口の北は薬師寺の与一兄弟に摂州衆を相添え、大和衆を加勢として加えて、大田垣の前へ向けた。大手の南の実相院は香川安富に讃州の衆を相添え、長塩・奈良・秋庭の人々・武田勢も差し向けて、船橋より上へ攻めようとのことである。船橋より下は、細川下野守・丹波守護内藤備前守・赤松伊豆守貞村を向けた。百々《どど》の通《とお》りをば三宅・吹田・茨木・芥川などの諸侍に仰せて、能成寺を南へ、平賀のところを攻めたのである。

安居院・大宮をば安富民部の手勢六千余騎、世保五郎並びに京極六郎・武衛義敏の衆を十王堂の下の花開院塩屋の宿所へ向けた。また、中筋花の坊の通りへは細川右馬入道が土佐衆を付け、寺の内より典厩の笠懸の馬場を経て相国寺《しょうこくじ》の延寿堂を南へ討って出て、花の坊と集好院を焼き落とせということであった。

「方々にこのように押し寄せ、大手の薬師寺与一の攻め口で鬨《とき》の声を挙げたならば、同時に攻め入れ」

と合図を合わせた。

五月二十六日午前四時ごろに、大手の口より太鼓を鳴らし、鬨《とき》の声をどっと挙げたところ、諸方からいっせいに切り込んだ。山名方にも垣屋越前守の嫡子二郎左衛門、同越中守子息孫左衛門、次男平右衛門、同駿河守、同平三、田原、持ノ瀬《もちせ》、山名一家では摂津守、伊豆守、左馬允、金沢、大坂、宮田など一万五千人が実相院・正実坊へ馳せ向かった。香西、安富、武田に向かって戦った。それより南の太鼓堂前をば一色方が守っていた。船橋口は美作修理大夫、同因幡守護並びに佐々木高頼が守っていた。大手の太田垣の方への加勢として、その一族、同田公《たきみ》、肥後入道宗理、同美作守、同能登守、三番衆らが向かって防戦したけれど、去る正月、軍勢が皆《みな》国へ下り、小勢でついに打ち負けて引き退いたから、寄せ手より火矢を射て構えを焼き払ったので、敵対できずに芝の薬師へ退却した。そこを、さっそく備後の軍勢を加勢に向けた。

花の坊をば義就が大和衆・熊野衆で堅めた。大宮口は山名入道の嫡子伊予守教豊と土岐成頼に、二番衆の佐々木一族がこれを堅め、二十六日の戦いは山名方が一方的に負け、塩冶《えんや》の宿所も焼き払われ、南の水落の寺、花の坊、集好院、花開院（ママ）もたちまち灰燼《かいじん》となってしまったので、煙の中といわず、炎の内といわず、敵味方が入り乱れて兵刃を交えて攻め戦った。

細川方では御霊の合戦の恥をすすごうと、牙を噛んで攻戦し、追い出せば攻め入り、攻め入れば追い出した。また、廬山寺《ろざんじ》の南一条大宮は細川備中守の館である。武衛義廉を大将として、甲斐・朝倉・織田・鹿野などの兵一万余騎で押し寄せた。城中でも、かねて思いもうけていたことだから、細川讃岐守、同族の淡路・和泉の両守護がここが肝心と防戦した。

寄せ手の方では、山名相模守が同族の布施左衛門佐を加勢として、新手を入れ替え攻めたのであった。城の中も戦い疲れて、

「新手、替われ」

と招いたので、一条大宮の攻め口は難儀なことになったということを聞いたので、京極大膳大夫持清は一万余騎で、鬨の声をどっと作り、新手として戻橋《もどりばし》を西へ討って出て行く。これを見て、讃岐守、淡路守、和泉の衆は引き退いて、雲の寺の細川淡路守の館に休んで、しばし鎧を脱いで梅酸《ばいしゅん》で渇をいやそうとしていた。そこに、京極衆が猛烈な勢いでまだしっかりと手当てをしていないところを、武衛の内朝倉弾正左衛門が馬から飛んで下り、みずから敵の五、六人を切り伏せたので、甲斐、武田、織田、

瓜生、鹿野なども敵三十七人を討ち取って追い立てた。

京極勢はひとたまりもなく引き退き、讃岐守の館へ引いて行った。

「返せ」

と言ったけれども、まったく耳にも聞き入れず、子は親を捨て、郎従は主をかまわず、戻橋の狭く危ないのもおかまいなく、逃げ重なった人馬ともに橋の上よりなだれを打って落ちる音は、山が崩れるように聞こえた。それで、これに驚いて、雲の寺で休んでいた兵たちは、

「これはなにごとだ。汚いぞ、引き返せ」

と言ったけれども、前の難所をかえりみず、逃げて引くうちに、岸よりなだれ落ち、川は平地のように〈人で〉埋もれてしまった。

山名金吾は、太田垣の負け戦に気が動転してしまったが、朝倉の働きを右衛門佐義就が見て、

「比類のない功名である。馬より飛び下り、打物《うちもの》を取って戦ったことは、見事である」

と申したので、山名入道は大いに感動して喜び、着替えの鎧と馬・太刀を出した。

一条大宮猪熊合戦のこと

一条大宮の細川備中守は、夜昼《よるひる》四日の合戦で過半の兵を討たれ、二千人余り残っていたが、四方より攻め入る敵を切り出し、屋形の中に引き籠った。この強い兵たちは骨を粉に砕くともひるむまいと見えたのを、赤松次郎入道政則はわずか三百余人の手勢で駆け向かい、

「細川備中守が無下《むげ》に攻め殺されるのを見るのは恥辱でないか。さあ、備中守と討死にをして、（細川備中守の）疲れを見舞うことにしよう」

と、正親町《おおぎまち》へ折り下り、猪熊を上へ馳せ向かい、

「赤松という剛の者が（備中守に）力を合わせるぞ。進めや城中の兵！」

と大音声を挙げて攻め上った。それで、一条の大宮猪熊はまだ四方とも人家の軒端《のきば》が重なり、小路軍《いくさ》のことだから、武衛方の甲斐、朝倉、瓜生の軍兵は戦いに疲れ、新手に攻め立てられて、廬山寺の西まで引き退いた。ここには山名相模守が控えていたが、新手に入れ替わって戦ったので、赤松方に浦上、小寺、依藤がここが肝心と懸命に戦

った。中でも、依藤豊後守は左の頬の上を射られ、その矢を折りかけて、相模守の一門山名常陸守と引き組んで、取って押さえて首をかき切り、太刀に貫き名乗ったのは、いにしえの権五郎景政にも劣らない功名だと見えた。

相模守の内に、片山備前守といって大力の者がいた。赤松方の明石越前守はこれまた力強い者である。互いに引き組んで上になり、下になっていたが、明石が組み勝って片山の首を取って立ったところを、山名孫四郎という片山の傍輩が押し並んで組んだ。それを、明石はこれを引き寄せ、これも討ってしまった。すべて、この合戦で相模守の一族・若党二十人が討たれたので、相模守は叶《かな》わずに引き退いた。そのすきに、備中守は引き退き、館に火をかけて讃岐守の館へ入った。

寄せ手は備中守の館が落ちたので、勝に乗じて讃岐守の館へ押し寄せた。この館には、淡路の守護、和泉守衆、京極衆の一万余人が立て籠っていた。寄せ手は雲の寺に火をかけて、村雲に押し渡って、百万遍、革堂《こうどう》を焼きたて攻めた。この雲の寺は一丈六尺の盧舎那仏、多宝の塔、庫裏《くり》、方丈、百万遍の仏殿は方丈、革堂は僧坊、冷泉殿が一度に焼け滅んで、仏像・経巻がたちどころに一時の煙となって立ち登り、この火は飛び移って、赤松伊豆守の宿所も焼け、備中守の邸も類焼し、平野の神主、山名右衛門佐入道の館も焼け落ちた。

猛火の中に敵味方の安否を一時に定め、左は右をかえりみず、革堂・百万遍の焼ける炎の中に入り乱れ、村雲の川を渡したり渡されたりして、互いに勇気を励ました。山名方の大手太田垣の構えは焼けて、芝の薬師で相支え、浄心院、薬師寺与一が火も水になれと猛烈な勢いで攻めたけれど、堅固で破れなかった。船橋も安居院も大宮も寄せ手は一挙に死をかえりみずに攻め破ろうとしたけれど、城中の者は命を鵝毛《がもう》よりも軽んじて防いだのであった。

二十六日午前四時ごろから戦いを始めて、二十七日の午後八時近くまで片時も息を継がずに戦った。(兵たちは)あまりのことに疲れ果て、よろめいて大息をついてこらえていた。細川兵部大輔勝久、淡路守成春、刑部少輔勝吉の館、仏心寺、窪の寺、大舎人など一宇も残さずに炎上した。

両陣互いに戦いを止めてさっと引いたのを見ると、西陣(の山名方)は千本、北野、西京まで死人・手負いが横たわっているところは、尺寸の余地もなかった。また、東陣(の細川方)も上は犬の馬場、西蔵口、下は小川、一条まで足を下ろすところがないほどに手負い・死人が転がっていた。しかしながら、勝元は、馬回り衆四、五千で花の御所の四足門を堅め、殿中を囲んで控えていた。

井鳥野合戦のこと

山名方では、去る春に御霊の戦いに打ち勝って、太平を謳《うた》って権賞《けんじょう》を行い、諸軍勢を（各地に）下《くだ》したので、在京の兵は小勢で、太田垣の宿所が攻め落とされて無念に思った。それで、日々飛脚を差し下し、分国の士卒を召し上らせた。大内介政弘の長門・周防・豊前の兵と伊予の国の河野四郎が合わせて三万騎で攻め上った。

但馬では垣屋・八木・舁《ママ》（あるいは田井・田結か）庄・太田垣に与力する被官（在地領主や土豪の家来）の出張準備が日ならずして行われた。因幡では伊達・波多野・八部・山口、伯耆では小鴨・南条・進・村上、備後では江田・和智・山ノ内・宮の一族などが但馬の国に馳せ集まって、六月八日、丹波の国へ打ち入った。

丹波守護代内藤備前守がこのことを聞いて、かねて用意していたことだから、国境の夜久《やく》郷まで打って出て回った。激しく防戦したけれど、多勢の敵に叶わず、内藤孫四郎貞徳をはじめとして身をかえりみない一族・若党数十人が討死にして打ち散らされてしまった。摂津の国で、これを持ち堪《こた》えようとして、時の守護代秋庭備中守元明に赤松衆・在田・本郷・永良・下野・宇野・野嶋・栢原・浦上・中村駿河守・依藤・安丸・明石などが馳せ下り、要害を構えて防いだけれども、洪水で小さい堤が切れるように、（山名方に味方する兵は）押し破り通ったので、そのときに、伊予の河野四郎が後陣に打って出たところへ、赤松方が井鳥野で襲いかかって防戦した。

先陣の間田・陶・杉・内藤・広仲・安富・神代が取って返し、取り囲んで一人も逃すまいと攻撃した。秋庭は叶わずに引き退いた。赤松衆も敵に手先を回され、心は勇んでいるけれども、魚住をはじめとして軍兵が大半討死にをした。残る兵たちは播磨を指して切り抜けた。三浦・大多和をはじめとして籠っていた。摂州の池田は大内方へ降った。同国の三宅は秋庭に恨みがあって返忠をしたので、大内はさえぎる兵もなくて心安く京へ上った。

焼亡のこと

同六月八日の正午ごろに、中の御門、猪熊の一色五郎の館に乱妨人（乱暴人）が火をかけ、また、近衛の町の吉田神主の宅を物取りどもが火を放つと同時に燃え上がるところが九カ所あった。おりしも南風が吹いた。下は二条、上は御霊辻、西は大舎人《とねり》、東は室町を境として百町余り、公家・武家の家三万余宇が灰燼となり、郊原となり果ててしまった。

三宝院攻め落とすこと

「大内・河野の軍勢が上洛しないうちに、武衛の構えを攻め落とさないならば、下京への通路は容易ではない。急いで武衛の構えを攻めよ」

ということで、諸勢を番に置いて攻撃した。細川右馬頭、同下野頭、武田大膳大夫、香川、安富が入れ替り入れ替り、二十日ばかり攻めたけれど、甲斐、朝倉以下名将どもがいたので、要害はしっかりとしているわけではないけれど、攻め落とすことはできなかった。

七月二十五日、細川衆の能勢源左衛門尉頼弘、同子息弥五郎もここで討死にし、赤松の名代加賀の守護代間嶋河内守も櫓《やぐら》の下まで攻め入ったのだが、（向こうは）大石を投げて冑を打ち破ったので、叶わずに討死にした。義廉の方でも、甲斐左京亮をはじめとして、屈強の兵が数人討死にしたということであった。

こうしているうちに、ほどなく大内なども上洛した。山名方では大いに喜んで、龍が水を得た如く気負い、下京の細川方を追い払い、武衛の構えを根城にして、細川陣の東の面へ攻め上って内裏を警護し、相国寺を陣に取り、御霊口を塞《ふさ》いで、敵の通路を止《とど》めようとの用意であった。

武田大膳大夫の舎弟安芸守基綱は三宝院を堅めて、内裏の御警護をしていたのを、右衛門佐義就、能登の修理大夫、大内介、土岐、六角、一色の五万余騎が、

「東陣は一の木戸だから」

と言って、三宝院へ押し寄せた。武田基綱は大力の勇者で、手勢二千人で三宝院の門の片扉を開き、

「切って入る軍勢を防ぎ止めよ」

と、午前六時より午後六時近くまで十余度まで（敵を）追い出した。しかしながら、大勢は皆討たれ、基綱一人が踏み止《とど》まって防いだのであった。

ここに紀州熊野の侍で、野老《ところ》源三という者がいた。奥三山で評判の大力の剛の者で

あったが、

「ここにいる敵一人に多くの味方が討たれて無念である。それがしが組み止めて見せよう」

と、進み寄って太刀下へつと寄って、打物《うちもの》をがばと捨て、手を広げて飛び付いた。基綱はこれを見て、

「これは、（わしが）鎧・物の具の善し悪しを試そうとして二領も着ているので、このように振る舞うのであろう。甲を打ち破って捨ててやろう」

と少し飛び退《の》いて、

「憎い敵の振る舞いかな。捨て太刀を一つ受けてみよ」

と言うまま、振り上げてちょうと打つ。三枚重ねの鉄甲の磐石であるのを打ち破り、手合わせをして七尺三寸の御所焼という太刀がはばきもと（刀剣などの刃・棟区《むねまち》にかけてはめこみ、刀身が抜けないように締めておく金具のあるところ）から打ち折れて、基綱は手を失い、牛がほえるように大声で飛び退いたけれども、あえて追いかける者はいなかった。野老源三は打ちすえられて、目も口も血に染めて死んでしまった。

こうして三宝院が焼けてしまったので、浄花院へ押し寄せて攻撃した。ここは京極

が守っていたが、ひとたまりもなく攻め落とされた。九月十三日に三宝院の西東は近衛殿より鷹司殿、浄花院、日野殿、東は花山院殿、広橋殿、西園寺殿、転法輪、三条殿以下公家の御所三十七、武家では吉良、大舘、細川下野守、飯尾の肥前守など奉行衆の舎屋八十カ所が一片の煙となって焼け上がった。

中でも哀れであったのは、下京を追い出された細川方の者たちが、一条小川より東今出川まで、一条の大路に小屋を設けて住んでいたが、一条殿の火が小笠原の余炎にかかって焼けたので、妻子の手を引き、財物を背に負い、方角を失って右往左往しているありさまは哀れともなんとも言いようがなかった。

岩倉合戦のこと

京都が大変難儀であることを知らせる飛脚が、摂州・播州へと頻繁に出た。これによって秋庭備中守元明は、大内が上洛したときに打ち負けた人々をうながし、赤松衆へも示し合わせていたので、

「赤松衆はこのたび井鳥野の合戦で多数の者が討死にし負傷したから、静かに一族の

者をうながして上洛するのがよかろう」

と言っているところに、浦上美作守則宗が、

「それがし一人であっても……」

と立ち上がったので、

「それならば、皆も立ち上がろう」

ということで、二番衆は一人も残らず出立した。その軍勢は三千には過ぎなかった。京へ打って上り、東寺より大宮を上ると、細川讃岐守の陣へ取り入ろうと、五条まで打ち上ったけれども、讃岐の衆がこれを知らずに手を合わせなかった。山名方より馳せ向かって防いだので、その軍勢は五条を東へ六条河原へなだれ込んで、三十三間堂の北を汁谷《しるたに》越えに山科を過ぎて、南禅寺の上である岩倉山に陣を取った。日がすでに暮れたので、林の木などを切り、大篝火《かがりび》をたいたところ、京中にこの火が見えて大変なものであった。

同八月十八日、山名方よりこれを打ち落とそうと、早朝より大内衆が南禅寺より攻め上ってきた。この城は、にわか造りの粗雑に設けたところだから、尺（柵か）の木一本もなかったので、四方から一度に攻め寄せてきたならば、藤木越えに三井寺へ退

こうとしていたが、敵がただ一手に攻め上るのを見て、大石を投げかけたところ、大内方は谷底へ崩れ落ちて行った。

その次に山名衆は、粟田口の日の岡峠より攻め上った。これもまったく一つしかない口だから、磐石《ばんじゃく》を崩しかけられて引き退いた。三番の畠山方の遊佐・誉田が山科口から攻め上った。城中には二度にわたって敵を追い崩したことで勝に乗じて、木々のすきま、岩の陰よりさんざんに射て、けわしい所から切り崩すことは、まるで山下の紅葉を散らすようであった。

畠山方も引き退いた。そののち一時間ばかりして、武衛衆・甲斐・朝倉は如意ガ嶽より兵を下ろしたが、谷は深くえぐれているので、下って行って潜《ひそ》む所を石礫《つぶて》で打ち退けた。もしも（細川方が）諸方から同時に攻め上ったならば、たちまちに落城するはずであったけれど、攻め口を選ばなかったものだから、打ち負けて都に向かって引き退いた。

そのとき、洛中の盗賊が南禅寺に火をかけ、粟田口では花頂青蓮院、北は元応寺、岡崎がたちまちに灰燼となってしまった。京中は、戦いを恐れ、東山南禅寺に財宝を隠して置いたのだが、思いがけなくこのようなことになっていったのはあきれはてたことであった。

岩倉山の軍勢は敵がいないものだから、勝鬨《かちどき》の声を挙げて神楽岡を通って御霊口に入り、柳原から参上した。赤松次郎（政則）が急いで対面して、死んだ人が蘇生したかと喜び、ただちに披露したので、（義政の）御機嫌はこのうえもなくよかった。

室町亭行幸のこと

さて、右京大夫勝元は、同八月十八日、香川・安富・秋庭などを花の御所の四足門に呼んで、

「かたがたはまだ聞いていないか。殿中伺候の奉公衆の中に敵方に一味をする族《やから》がいて、ひそかに案内を通じはかりごとをめぐらしていると聞いている。そこでこの赴《おもむ》きを上聞《じょうぶん》に達して、そやつらを殿中から追い出すことにしよう。そうでないならば大事が起こるだろう」

と言った。

家長たちは驚いて、

「評定も事による。これほどの火急のことは片時も猶予することはできない。必ず追い出すことにしよう」

と、ただちに相《あい》うながした。軍勢は一時間のうちに屈強の武者六千人が馳せ寄り、さっそく御所の四方を囲んで、諸人の出入りを調べて合議となった。殿中に出入りする公家・上臈《じようろう》女房衆、外様の人々も、

「なにごとだ」

と肝を冷やしていた。勝元より民部少輔教春をもってこのことを（天皇に）奏聞したので、しばらくして三条大納言公春卿、吉良右兵衛佐義信の両人をもって仰せ下された。

「このたび殿中で野心の族がいるよし、そもそもその者は何者か。姓名を記して言上すべし。上意として追い出すように。そうでなくてしきりに清華（公卿の家格の名。摂関家につぎ、太政大臣にまで上ることのできる家柄）の賓客と言わず、上臈と言わず、軍兵どもが乗物を開いて見て、狼藉を致していることは言い様のないことだ」

と仰せ出された。

そのときに、勝元が恐れつつしみ、十八日より二十三日のあいだのことを詳しく聞

き届け、五番衆の中の十二人を記して公方へ差し出した。順序不同であるが、一色式部少輔・佐佐木大原判官・上野刑部少輔・宮下野守・結城下野守・伊勢備中守・荒尾民部少輔・三上三郎・斎藤新兵衛・宮若狭守・斎藤藤五郎・同朋専阿彌である。

公方よりこの書付けを十二人に見せられた。（義政は）

「このうえはしばらく殿中を退出し、勝元の鬱憤をとどめ、諸人の憂いに替ることにしよう。それならば結構だと思うことだろう」

と伝えた。十二人の衆はつつしんで御下知通りにして、殿中から退出すべき由をご返答申して、のちに御使いの三条殿と吉良殿に向かって、

「山名方を贔屓《ひいき》致すことは、我らだけに限ったことではない。殿中の面々が一同に、また、帝が山名方をご贔屓するため、奉公の衆は皆、敵方が利を得ることを聞いて笑いを含み、味方の勝ち戦を聞いては愁いております。誰々も皆同じであります。それなのにとりわけ我らばかりを選び出され、皆の矢面《やおもて》に立つことは不運の至り、なにをか言わんやという気持ちです。急いで四足の門へ馳せ出て、勝元の前で腹を切って、山名に組んだ志を貫こう」

と申したので、この由を（帝に）言上された。

さて、この十二人たちは、手勢の者・雑人たちにも、

「武装せよ」

とざわめいた。この人々が御所中に死に物狂いで切り入ったならば、御所も安穏ではおられまいと上を下への大騒ぎとなったけれども、門番がきびしくて出入りが難儀であったので、どうしようもなく見えた。

この日、(山名方の)西陣の敵が内裏へ切り込んだ。

「帝を取り奉れ」

ということであったので、

「内裏・仙洞は行幸・御幸を室町殿へなさるように」

と、勝元は指示申した。

この間、禁中の警護には吉良左兵衛佐・同上総介・赤松伊豆守・名越次郎であった。お迎えに細川下野守兄弟が参上し、三種の神器を先立てて行幸があった。なお、内裏のお留守の警護のためにと、吉良の一族並びに赤松土佐守・同宮内少輔が御門を守護したのであった。

女官の局、町女房たちは、興ざめしてあわて騒ぎ、倒れるようなありさまであった。

中御門・西園寺殿では、京極に陣を取った。二条烏丸には、武田が陣を取ったので、この中へと逃げ集まった。ここに、花の御所に十二人の人々が騒乱のために、天子・仙院が玉輦《ぎょくれん》（天皇の乗り物）を惣門の外に留め奉ったので、正午より午後十時ごろまで供奉《ぐぶ》の公卿・殿上人・女官などにいたるまで、皆小路にひれふして悲しんだのであった。

これによって、（帝は）十二人の方へ重ねて御使者を立て、上意としてしきりに退出を仰せられ、

「延引すること、はなはだ緩怠である」

ということを仰せ付けられた。それで、十二人の人々は、御殿に火をかけて四足門へ走り出て、右京大夫と太刀打ちをして死のうと怒った。そのとき、三条殿・吉良殿がこの衆に向かって、

「まず、おのおの方《がた》、怒りを鎮めてお聞きなされ。かたがたは、当代譜代の侍として、鎌倉より大御所のお供衆である。だから、かたじけなくもお上はまったくお見捨てになるというお気持ちはなく、まずいったん御所の中から出られて、大夫の鬱憤を散じ、しだいに機をくつろげ、召し返されるようにとのお考えを我らに対してひそかに示さ

れた。そのことは、しっかりと承知致しております。しかしながら、上意に背いてたちまち殿中を汚すとはいかなることでありますか。そなたの身が没するだけでなく、先祖累代の忠を失うことは、くやしい次第である。また、不忠の罪過に処せられ、天下にこの身をとどめることができなくなるのをどうするつもりか」と言葉を尽くして説得されたので、（十二人の者は）「もっともだ」と思ったのであろうか、ただちに屈服して退出したので、人々は皆喜悦の眉を開いたのであった。

この人々が退出するのを討ち取ろうと、勝元衆は一条室町烏丸へ我先にと下ったのであった。このことを聞いて、飯尾下総守が案内者として、鹿苑院の長老が花の御所へ通られる小門があったのを開いて、相国寺へ馳せ入ったので、寺中が広くて、（十二人の者は）どの寺に入ったのであろうか、行方がまったく分からなかった。

そのうち、斎藤藤五郎一人は、常々言い交わしていた女房の局へたち寄って暇乞いしたのに時が移り、人々が小門を開けて寺中へ入ってきたのを知らないで、今出川に出て、伊勢守の館の南から東を差して行ったが、武者小路烏丸で待っていた軍勢にとり囲まれて討たれてしまった。

さて、その日、二十三日の午後十時ごろになって、花の御所が御会を支度し、天座として（帝の）行幸をなし奉った。このときまで、門外に天子が御車を留め奉ること は、公方がたえず山名方へ御心を寄せられているという噂であったので、今もしも十二人と御同心になって、山名方へお出でになったならば、勝元は一院・主上を守り奉って戦いをしようとのはかりごとであったが、公方様も勝元と同じ気持ちで十二人を追い出されたので、細川方は喜悦すること限りがなかった。

その後、飯尾下総守を殿中で闇討ちにして細川衆が討ったことは、十二人と一味になって手引きをして逃げ落ちたからだとのことであった。

今出川殿、勢州下向のこと

山名方の悪党が洛中へ乱入して放火した。物取りが入り乱れて洛中を往来し、敵も味方も小勢では道を通る者もいなかった。そのころ、今出川殿（足利義視）は、五月二十五日より室町殿にご一緒におられたが、世情が暗いので還御になった。細川勝元は、

「私の屋形へおいで下さい」

と申し出ると、八月二十日にお成りになろうとしたので、京極大膳大夫の被官多賀豊後守が守護申した。一色伊予守種村入道を通してお尋ねしたところが、(今出川の)御所様は山名をご贔屓になったので、

「この御所に」

と申されるばかりではっきりとしたこともなく、その日は暮れてしまった。

二十二日、一色が御一緒して参るべき所を守護するとのことであったが、(御所を出るのは)御延引する由の言上があった。

「ことさら気が休まるので、ただこの御所にいることにする」

というご返事であったけれども、「なにかとよくないだろう」とお思いになったのであろうか、同二十三日午後八時ごろに(今出川殿義視は)御所をお出になった。まず北畠中納言教親の陣所中山殿へお出になる。そこから武者小路を東へ蛸薬師《たこやくし》の辻を一条へお通りになった。富小路の釘貫は富樫鶴童丸が守護していたのを、北畠黄門が烏帽子直垂《ひたたれ》姿で、

「私は三条内府が病気で東山にいらっしゃるのを、今出川殿にお尋ねすることがあって、参るところです。(門を)開け給え」

とお話しになったけれど、富樫が不審を抱いて開けなかった。

「鍵《かぎ》がない」

と答えたので、教親卿があらかじめ用意していた合鍵で開け、早々にお通りになって、京極を南へ、近衛を東へ、河原を北へ、坂本までお成りになった。お供には一色伊予守、畠山式部少輔、北畠中納言の舎弟心性院、高倉兵衛尉、同朋西阿弥ばかりである。種村播磨守入道が一色九郎・同三郎・矢嶋・那須など坂本衆を召し連れ六百人ばかりで参った。坂本の石川二郎のところへ来て、

「京都が慌ただしいので、御台所が坂本へお忍びになって御暇《おいとま》乞いのご対面をし、御一献があった。さて、ご出立のとき、御肌に萌黄の練絹、上に褐《かちん》の御小袖、赤地の端子の御袴、御劔、御腰物（大小の刀のこと）として善包・鬼神大夫・包平・藤四郎・小鍛冶・鳩作などを持たれていた。御舟十二艘で、二十四日の明方に江州山田の浦にご到着になったが、雑掌《ざつしよう》船に鮓《すし》という魚で一尺ばかりなのが飛び入った。粗忽者が取って海へ投げ入れたところ、また鱸《すずき》が一つ入った。周の武王が殷の紂《ちゆう》王と戦ったとき、中流で武王の舟に魚が躍り入ったのを、武王は伏し拝んで天に祭った。こうして紂王を討ったのであった。本朝では、平清盛公が熊野へ参詣したとき、舟の中に鱸が飛び

入ったのを天に祭って、のちに太政大臣までなって天下を治めてその威を振るった。吉例は大変なことだ」

と言って、これを料理して御酒宴を行った。

（義視が）山田より勢田越えに中山・田上・黒津へお通りのとき、北畠殿の被官海津の兄が福寿寺に参上して、山中の春日社の拝殿で御一献あった。二十五日、野尻へお出でになったので、多羅尾がお迎えに参った。同夜、伊賀服部の荒木の菩提寺にお着きになった。二十六日の夜、風が激しく吹いたので、

古寺ヲ仮寝《かりね》ノ旅ノ夜嵐ニ芭蕉ナラネド夢ゾ破ル、

（古寺を旅の仮寝の場所としたが、芭蕉ではないけれど夜嵐に夢が破られてしまった）

古郷ハ遠クコソナレイトドシク猶夜嵐ニ夢ヲ吹カレテ

（故郷はますます遠くなった。夜激しく吹く嵐に夢を吹かれて）

同二十九日、伊勢の国小倭庄の常光寺にお着きになった。後ろは山、前は門田の稲

葉がなびき、おり知り顔に鳴く鹿も、やはり耳に満つるものは樵歌牧笛の声で、目にさえぎるものは竹烟松霧の色で、いずれも都を思い出すなかだちとなった。

（義視は）国司を頼りとしての御下向ということなので、（国司は）御請け申して、九月三日、常光寺へ参着した。同六日長谷寺をお立ちになったところに国司が参上し、

「ただちに御所をお立て致します」

と申した。

相国寺炎上のこと

去る九月十三日に三宝院、浄花院を攻め落として、また相国寺をも攻め落とそうとした。下京を山名方より追い出され、内裏より東はまた三宝院の（戦いの）とき焼け野となり、細川方ではただ相国寺へ入りこんで、詰めの城（本丸のこと）に頼る他はまったく手立てがなかった。

「この寺を焼き落としたならば、要害もない野原となり、敵はとうてい一時も堪えられまい」

と評議して、相国寺を目掛けて攻め上った。

細川方でも一条より上へ（山名方を）上げ立てては、味方の軍勢の働きは悪くなり、城への出入りは難儀なことになるだろうと、東は烏丸高倉の御所、西は伊勢の因幡守の宿所より三条殿へ持ち続け、昼夜を分かたず戦い暮らすところに、山名方の悪僧がいて、敵方の者に言いくるめられて、十月三日に相国寺に火をかけた。

そうしているうちに、

「近々相国寺を敵にとられては、先に非を悔いても益があるまい」

ということで、安富民部元綱兄弟・長野彌二郎・分部・雲林院以下三千騎で籠った。さて、合図の火烟《かえん》が立ったので、畠山右衛門佐義就・同修理大夫・大内介・一色左京大夫・土岐右京大夫成頼・六角四郎高頼などの軍兵二、三万人が、一条室町より東、烏丸、東洞院、高倉四、五町のあいだ一面を切って上った。

これを見て、高倉の御所と烏丸殿を堅めていた京極・武田両勢は、すでに敵軍が相国寺へ取り入ったと心得て、出雲寺へ引き退いた。三条殿をば伊勢の住人関民部少輔と備前の住人松田次郎左衛門尉が五百余騎で堅めていたが、ただ一戦で打ち負け、松田は討死にし、関は叶わずに引き退いた。

この松田は御所の御前に参り、

「洛中の合戦は今日が最後と思われます。御盃を下さい。生前の面目、冥途の訴えに致したい」

と申すので、御土器《かわらけ》を下された。三度頂戴して、

「わが百年の命をとどめ、君一日の恩に報いん」

と独り言を言って、立ち上がり、このように討死にを遂げたのは優美なことであった。

相国寺の東門を堅めていた伊勢の長野衆は、火がかかったのを見てすべて引き退いた。安富民部丞元綱は、兄弟わずかの手勢で、六郎殿は馬回りばかりで惣門を堅め、石橋より攻め入る大敵を受けて七カ度まで出て追い散らして引き返し、舎弟の三郎を呼んで、

「合戦は今日が最後である。この門が破れれば勝元は大変なことになるだろう。私はここで討死にをしよう。そなたは六郎殿と鹿苑院より駆け通って四足門へ参り、賀茂のあたりへ屋形をお供え申し、丹波へ落とし奉るがよい。この攻め口は隙間がないことを思うと、花の御所は火急であろう。急げ」

と言うところに、また、東門から敵数万が攻め込んだので、元綱兄弟も六郎もその手

の士《さむらい》五百人が一足も引かず敵とひっ組みひっ組み全員討死にを遂げた。

赤松次郎政則は入れ替って、これを防いだ。にわかに掘った小堀一つを越えつ越されつ打ち交えて防戦した。惣門は大内・土岐が、

「今日、敵を追い落とさなければ、本陣へ帰るまい」

と攻撃した。

赤松の一族太田三郎・安丸与二郎以下、赤松の被官五十三人が一所《ひとところ》で討死にした。すでに難儀であったのを、浦上と安丸河内守が身命を捨てて戦ったので、御所中へは切って入らなかった。仏殿の焼け跡から大内が攻め入ったのを、赤松道丸・同伊豆守・武田治部少輔国信が身命を捨て、必死になって防ぎ戦った。これも切っては入らなかった。未明より戦い暮らし、夕暮れ方になって互いに疲れて双方引き退いた。

大内方・土岐方で討ち取った首は、車八両に積んで、西陣へ引き取った。死骸は白雲の門より東今出川までの堀に埋もれて幾千万であった。この中の半分以上は、寄せ手の死骸である。また、堀底より這い上がってきた死人の中に生きて上ってきた人が沢山いた。この惣門を堅めていた細川の馬回り、赤松衆、その他の軍兵に石見の佐波・高橋・安芸の毛利・小早川などである。その人々は、命を捨てて戦ったので、堀

へ回る赤松衆は三百人ということであった。

元綱の手の者たちは、丹波へ落ちて行った。死骸を収める人もなかったが、六郎に近付いた禅宗（の僧）が来て死骸どもを取り収め、泣く泣く、

「この人々は乱中ではなくてこのような姿におなりになったのならば、当然盛大に仏事作善もあるべきはずなのに、犬や子犬が死んだように死骸さえも収められないことの嘆かわしさよ」

と言って、陣屋のかたわらに卓を一脚立て、中陰の儀式をしつらえたのであった。あるとき、一枚の短冊が硯箱の蓋《ふた》に入れてあったのを見ると、次の歌があった。

醒《さ》メヤラヌ夢トゾ思フ浮人ノ烟《けぶり》トナリシ其夕部《そのゆふべ》ヨリ
（醒めきらない夢かと思われます。あの人が煙と消えたあの夕べから）

これは、ある公卿の息女とこの六郎殿とが（将来を）約束していた。常々、文を通わせていたことがあった。その人の歌かと話されていた。今年は、六郎殿は十六歳と聞いていた。

寺家の余烟が八方から覆ったので、御台所をはじめとして、局や町上臈の者は興ざめがして、

「まず鞍馬・貴船・北丹波までも退かれよ」

とお騒ぎになったけれど、公方様はお騒ぎになることなく、普段のご様子で御酒宴の席にお座りになった。

蓮池合戦 附 政長武勇のこと

相国寺がすでに焼けたので、初冬の時雨が降って火が湿り、烟《けむり》が少しおさまった。一色左京大夫義直・六角四郎高頼は、

「攻め口の隙間がなく、惣門の合戦に参加できなかったことが無念だ」

と言って、花の御所の北籾井《もみい》の古屋敷、富樫介の跡から攻め入ろうとした。仏殿の跡には高頼の近江衆が陣取り、山門の跡は一色の衆が陣取っていた。これは、西面の諸塔頭の火が湿《しめ》るのを待つと見えた。

細川方では一条より北は出雲《いずも》路、東は川崎を領して、詰めの城には相国寺を頼るよ

り他はなかったのだが、この寺が焼けたので、民家は野となり、陣中の男女は魂を失い、肝を冷やした。子を逆《さかさ》に背負い、賀茂を指して落ち延びて行ったので、このために構えの中はことごとくあわてふためき、持ち堪《こた》えられるとも思われなかった。

ここに四国の住人の一宮入道勝梅が勝元の前に参り、

「さても戦いだから当然だが、安富も六郎殿も石橋で討死にを遂げ、赤松衆も御馬回り衆も惣門で数人討たれ、負傷致した。その他は持口《もちくち》（持ち場）の取り合いが激しくて、息を抜くひまもなかった。それがしが一人打ち立って敵を追い出し、ひと防ぎは防ぐことができましょう。おそらく一万騎の兵が相手でも勝つ自信がある。お心安くお思いになって下されや。それがしが打ち負け、討死にを致しましたならば、（そのとき、殿が）お支度なされ」

と荒々しい言葉を吐いて、燻革《ふすべがわ》の腹巻きに同毛の五枚甲に高角を打ったのを頭に着け、七尺三寸のみねに銭を伏せたような大太刀を脇にかきこんで、惣門へ出て片扉を開いて、仁王立ちに立って敵を待っていた。その姿はまさしく刀八《とうはち》毘沙門が阿修羅《あしゅら》に立ち向かうのもこのようなものだろうと頼もしく見えた。

ここに、細川讃岐守成之は自分の屋形のまわりをしっかりと守らせておいて、兵部大輔勝久を連れて公方の御所《ごしょ》（義政）へ参上した。諸人の心には、御所を（安全な場所へ）落とし申し上げる御警護と納得した。尾張守政長・山名弾正是豊・有馬上総介元家・武田治部少輔などが御末座に参上しているので、成之はこの御門より御末座へ参り、おのおのに目礼してつと出たところ、御台所（日野富子）より春日局をもって、

「この世の中のありさまはいかがあるべきか。ひとまず鞍馬あたりか、若狭、丹波の方へでもお供申されよ」

と仰せ出されたので、成之は謹んで承り、

「御敵どもが蜂起したと申しましても、このうえなにごとがございましょうか。我ら一同族の者が五人か十人も討死に仕るという事態にでもなれば、そのときには、どこへでもお供致しましょう。西の敵は只今被官どもに申し付けて追い払うことに致しましょう」

と申した。（成之は御所を）退出して御末座を通ったとき、

「かたがたは敵を差し置いて、ここに……」

と言って出られ、四足の門へ駆けて行って、京兆《けいちょう》（一色京兆か）に向かって申したことは、

「さても相国寺の焼け跡を敵軍が陣取《じんど》ったという噂である。もしもそうであるならば、この構えの通路はただちに止めるがよろしい。もしも通路を止める場合は、公方の御警護をどのようになされる所存か。まず敵軍が陣を取り堅めない前に、時間を経過せずに、さっと諸勢をさし遣わされ、寺中に入る強卒を追い出されるのがよろしい。もしそうでないならば、この城の軍勢は皆捕らえられた馬牛類や鼎《かなえ》の上の魚と異ならぬと存ずる」

と申した。

そのとき、勝元も、

「それがしも、そのように存じ、先刻、山名弾正忠に申し遣わしたところ、近日百々《どど》の口を相抱えて昼夜となく戦い続けた。もしもこの口を打ち捨てたならば、構えはただちに破れるだろうと申しておるので、誰かを向かわすことに致そう」

と言うと、秋庭備中守が進み出て、

「畠山左衛門督殿（政長）をお向けになるのがよろしい。今千騎万騎を一度に切り崩すことのできる大将は、おそらくはこの人だという評判です」

と申した。

「それならば」

ということで、さっそく秋庭を使者として政長を呼んだ。勝元が政長に向かって、

「相国寺の跡に控えている敵を追い出さなければ、この構えは難儀なことになると思われる。ああ、政長を大将として（敵を）追い征伐なされよ。もしも御同心するならば、軍中第一の高名、公私ともどもこの上ない御忠義となろう」

と申されたので、政長も、

「敵軍がこのまま集まるならば、我らにとっても大変なことだから」

と、深く考えずに了承して、

「我々が発向致しますことは、たやすいことでございますが、去る御霊《ごりょう》の合戦以後牢人致し、軍兵はわずかに二千に過ぎません。敵は（私と）同じ畠山の義就をはじめとして、大内・一色・土岐・六角がおよそ二、三万もいるかと申しております。加勢をいただきたい」

と申されたので、成之は政長が疑うことなく了承されたことを感悦して、

「それがしは御同心で参りたく考えておりますけれど、それがしの持ち口が大事で放置することはできません。東条近江守を加勢として参らすべく、軍勢は多くはないけ

れど召し連れなさるがよい」

と言って、東条を相添えられた。

政長も東条も、花の御所の四足門を出立して、室町を上へ上ったのを、見物の者たちは、

「敵の軍勢は、相国寺の跡より内裏まで尺寸の隙もなく堅めているが、この小勢でどのように合戦するつもりなのか」

とささやいた。政長は馬上で大声で、

「たとえ今敵が百万人あろうとも、必ず切り崩さないでおこうか。構えて当陣の人々は心安くお考えられよ。この合戦で打ち勝って見せよう。このたびの戦いはそれがし一人がすべて勝となるだろう。諸人は証人となられよ」

と叫んで通って行った。

のちに思い合わせると、(政長は)

「切り勝つことをあらかじめ知っていたのだ」

と、恐れぬ者はなかった。

さて、普光院の焼け跡より出て、東条を東川原へ通して、西軍をおびき寄せて横鑓《よこやり》

を入れようというはかりごとである。政長のその日のいでたちは、黒革縅《おどし》の腹巻きに広袖を付け、小泉甲の緒を締め、馬より下り立ち、長刀を杖につき、南を見ると仏殿の跡は山門の前までおよそ敵は七、八千と見えたが、高頼軍であった。山門の跡は一色の軍勢、南の惣門の前の石橋より下へ（陣を）保持し続けているのは畠山義就の軍勢という。神保宗右衛門長誠が大将に向かって、

「この小勢で大軍を破るのは、一大事である。軍勢を遣わさずに一所《ひとつところ》にひそませて攻めかかったならば、敵はこちらが小勢であったとしても、ひるまぬことはあるまい。そのとき一方に攻めかかったならば、どうして切り崩せないことがありましょうか。もしも後ろにしんがりをする者がおりましたならば、追い立てましょう。この兵千人が枕を並べて討死にをする気であるならば、どうして勝利を得ぬことがございましょうか」

と申した。諸軍は、

「もっともだ」

と同調して、楯を真向かいに差し並べ、敵の虎口《ここう》に突っ掛けて、一、二百帖の楯を捨て、鑓《やり》を入れたので、東より東条近江守二千余人が横鑓に攻め掛かった。だが、東条

が先陣に進んで鑓を入れたのを、討たせまいとして郎等が前に立ちふさがり、政長は神保と一所で討死にしようと諸軍を分けて、戦いの中心部へ進もうとした。

士卒は、「主を討たせまい」として、われもわれもと進んだので、近江源氏の高頼衆六、七十人が枕を並べて討死にし、葉武者（雑兵）は崩れて味方の陣へ退《ひ》いて入った。山門の一色方は入れ替わって渡り合ったけれど、六角方の負け戦で鑓をうまく取り扱うことができないで、敵かと思うと六角方の弱兵、味方かと思うと敵が入り交じって戦うことができなかった。ただこの戦いに打ち負け、一色衆の石川佐渡守・同九郎が討死にしたのを、東条某がその首を取って太刀に貫き、急いで追い詰めて蓮池に巻き込み、六角・一色衆の両陣合わせて侍の首六百余りを政長と東条方が討ち取って、大声で、

「一昨日、花の御所の惣門で車八両取られた首の仕返しに、六角方・一色方の首を八百いただいたのは不足ではあるけれど、堪忍《かんにん》致す」

と叫んで勇んでいた。

義就は惣門の石橋に控え、

「無念だ」

と言って、甲斐庄を呼び、

「仏殿の北に出ている敵の中に、蟬《せみ》小旗を差した軍勢一、二千が見えるのは、まさしく尾張守の手勢と見える。こちらは仏殿に陣取っている衆と鑓を合わせて押しまくられているように見えるぞ。きっと潰《つぶ》れてしまうだろう。こちらから二番鑓にかかれ」

と言い終わらないうちに、味方は皆追われ崩れて落ちかかったので、これも一色のように味方の負け戦に合わせたかたちで、敵と鑓を合わせる状態ではなくて、魂が抜けたようなありさまであった。

さて、日が暮れたので、戦い疲れて、互いに兵を引いた。敵も味方も陣を守っていた。ここに、おかしなことがあった。惣門の東の脇に浦上美作守が楯の陰にいたが、秋庭豊前守が通ったのを、

「もし、秋庭殿、この口は大変に難儀なところである。御合力下され」

と言ったので、この秋庭摂州は、井鳥野の合戦で、「大内衆に負けて逃げた」と敵に笑われたことをはっと思い出し、

「おいおい、浦上殿よ、それがしの名前を大声でお呼びになるな。それがしを敵は臆病者と思い、ついには勇んで攻めかかってくるぞ」

と言った。（浦上は）

「これも（秋庭は）まことは名人だから、このように言ったのだ」

と、かえって秋庭を褒めたのであった。

応仁記巻第三

目録

赤松家伝のこと 並《ならびに》 神璽の御事

また、赤松内にいる中村五郎左衛門尉という者は、それほどの者ではなかったが、大功を上に示したいということをいつも願っている者であった。だから、傍輩たち十人ほどを相語らって、同十月三日に切って入った。院の庄を踏まえ、数度にほぼ勝利を得たけれども、東郡へ敵が出て、妙見の城・菩提寺・和介山などに籠ったので、政則一族に広岡民部少輔祐貴に手勢を添えて差し下した。

三カ年のあいだ、合戦は止むときがなかった。しかしながら、大町は、山城の柏の城で討死にし、掃部頭《かもんのかみ》はまた病死した。その子彦房も尽期山の合戦で打ち負けて伯耆の国へ落ちて行った。粟井加賀・松原弾正は和介山で討死にをした。中村が所々で合戦をし、そのことは、筆に書き尽くすことはできない。これよりのちは、赤松が三カ国を手に入れた。

さても赤松が本国を今三カ国そっくり山名が拝領することはわけがあるのだろう。等持院殿（足利尊氏）が御世を取られた最初を申せば、鎌倉で相模入道高時の子相模次郎時行を諏訪三郎が取り立てて、坂東八カ国・東山道まで支配して王家に従わなかった。そのとき、征伐のために東八カ国の管領を承って御下向のとき、赤松入道に向かって尊氏公が仰せられたことは、

「このたび重ねて鎌倉の朝敵退治として下向のことは、尊氏にとってこれ以上の一大事はない。子息一人を所望したい」

と、再三仰せられたので、次男の筑前守貞範を差し出して下向になった。

相模川の合戦、また、箱根水呑峠の合戦で、貞範の戦功が抜きん出ていた。また、相模次郎時行が没落して、関東方がなにもなくなってしまったときに、新田義貞が都にいてしきりに讒訴《ざんそ》したので、尊氏退治の綸旨《りんじ》を賜って、義貞が関東に下向した。そのとき、貞範はまた竹下の合戦で比類のない忠戦をしたので、建武二年(一三三五)十二月十二日、貞範に播磨の国並びに丹波の国のうち春日部庄の御教書をお下しになった。しかしながら、父の入道円心、嫡子範資、三男の律師則祐の三人が、後醍醐天皇の勅命に応じ、摂津の国の雀の松原まで上洛したところに、坂東の合戦で新田殿が打ち負けて、尾張の国まで引き退《の》いた。

御所様が打ち勝って、近日御上洛になるということであった。播磨の国の御教書を

も父入道の方へ差し上げてしまったので、入道父子三人は、雀の松原より引き返し、播磨に於いて将軍家のお慈悲のもとに旗を挙げた。貞範は父に孝行の心があった。兄弟を思う心が深かったので、入道してのち則祐が在京して、忠功もまたあったので、国を与えることを考えたのである。則祐の身に当ててみて、備前の国・因幡の国の両国とかいうことである。

範資は、子息が大夫判官光範で、二代続けて摂津国の守護である。貞範は、播磨・美作の御教書がていねいに御記文にあった。しかしながら、勝定院殿（足利義持）の御時、貞範の一子越後守詮則（越前守顕則か）、その子七人目の末子の弥五郎持貞に三カ国を仰せ付けられた。こうしたことは今に始まったことではないが、上意のしたい放題で納得の行かないことがあった。これによって赤松大膳大夫満祐は諸大名と相談して訴え申したので、ついに（公方家が）御下知をされて（持貞は）腹を切った。

このことを普広院殿様（足利義教）が内々に仰せられたことで、

「兄の御所が、赤松伊豆守家の嫡流に仰せ付けられず、七番目の末子に御目をかけられた御意は、そのいわれがないことだ」

と言って、伊豆守貞村に御教書を内々に下された。このことを大膳大夫満祐とその子息彦次郎教祐（あるいは教康か）が内々承り及んで、嘉吉元年（一四四一）辛酉《かのととり》六月二十四日、義教に（赤松邸に）「鴨の子」を（見に行かないかと）お成りになるように申し、討ち参らせられたのであった。前代未聞のあさましいことであった。落書に、

赤松ハ伊豆ニ播磨ヲ取ラレジト御所ノ頸《くび》ヲバ嘉吉元年

（赤松は伊豆守に播磨の国を取られまいとして、御所の首を嘉吉元年にかき切った）

こうしておのおの播磨に下向し、城山・白旗をこしらえて討手の下向を待つところに、大手は細川讃岐守成之・赤松伊豆守貞村・武田大膳大夫信繁である。須磨・明石に陣を取り、讃岐守は赤松を内々に贔屓しているから、先陣をして国中へ諸勢を一人も入れなかった。

武田も伊豆も、身を揉《も》んでじりじりしたけれどどうしようもなかった。搦《から》め手の大将は、山名右衛門佐持豊（宗全）、同修理大夫教豊、同相模守政豊である。金吾（持豊）は人一倍大功を立てることを望む人である。その誇り高い志は、驪龍《りりょう》のあごの下の玉をも取ろうと思うほどの気性だから、どうして少しでも猶予するだろうか。大山

口から国中へ切り入り、城の向かいの西福寺の上に嘴崎川《はしさきかわ》を隔てて陣を取った。修理大夫・相模守・因幡伯耆（勝豊）の軍勢が搦め手に回ったので、金吾は川を渡り、城山の麓に陣を取って、十重二十重に取り巻いた。九月十日、赤松大膳大夫性具が自害した。討死にし、腹を切る者はその数知れなかった。彦次郎教祐（教康か）は没落した。首級についての知らせがあった。大膳大夫満祐の首は獄門にかけられた。

義教公に官が贈られ左大臣となり、普広院殿と号することになった。山名は、勲功の賞として、播磨の国の他に美作の国を賜り、修理大夫を拝領した。備前の国は、相模守に下し賜った。赤松伊豆守は、讃岐守に支えられて、合戦一つすることなく、本領だけで大名に準拠する御判を賜り、正月七日の酒宴の役を勤仕した。式のきらびやかな装いなどは面目をほどこすさまであったけれど、きわめて意味のないことであった。

さて、義教公の御嫡子の義勝公（慶雲院殿）が将軍におなりになった。（しかし）御早世されたので、御舎弟義成公が征夷大将軍に就任された。三カ国は、山名家が拝領したので、喜悦の眉を開いた。赤松播磨入道の子の三郎は、内野の合戦で戦死した満則の孫である。旧功をお思いになったのであろうか、赦免となったが、嘉吉三年（一

四四三　癸亥に播磨の牢人たちを引き立て、国で兵を起こしたけれども、ついに叶わないで有馬郡で腹を切った。

そののち、享徳三年（一四五四）甲戌《きのえいぬ》のころ、山名金吾が上意とは違うことをした。折を得て、彦次郎常陸介祐之・五郎則尚は、細川讃岐守のとりなしで、内々赦免となった。山名相模守も、金吾と仲が悪いので公方のもとへ参られた。すでに十一月二日の夜、公方の方では御軍勢を召され、

「相国寺の鐘を合図に、山名金吾のところへ押し寄せよう」

と定めた。

細川勝元は、山名金吾の婿なので、贔屓《ひいき》するむきが内々あった。

「上意にお任《まか》せ申す」

と申しながら、二日の夜半ごろに、逐電《ちくでん》したということであった。これで、（攻撃は）延期された。

勝元は、東山五大堂にいたということなので、おのおのその家の人々は馳せ集まった。こうして、金吾退治は停止となり、

「但馬の国に在国しよう」

と言って、嫡子伊予守教豊を残しておいて、金吾は下国した。そうしているうちに、赤松彦次郎と同彦五郎は、播州へ下向して（兵を）引き起こしたのを、明る年乙亥《きのとい》五月に金吾は、打ち入って、播磨の国普当山に陣を取った。壇徳山というところに籠った敵を一攻め攻撃したりしたけれども、（戦いは）決着を見なかった。（そこを）捨てて坂元へ行った。そのわけは、室山で子息の弾正是豊が備後の者たちと籠ったのを、彦次郎・彦五郎が攻めて難儀をしているということを聞いて、敵を捨てておいて坂元へ行ったのである。案の定、（彦次郎らは）室山の攻め口を引き退いて散り散りとなり、（彦次郎ら）壇徳山の敵は（金吾が来たことを）聞いて落ち延びて行った。

彦五郎は、備前の国の鹿久居島《かくいじま》で自害した。彦次郎は伊勢の国司北畠殿一性の親を頼って下ってみたけれど、それはうまく行かなかった。その国で腹を切った。そういうわけで、享徳四年（一四五五）乙亥《きのとい》より応仁元年（一四六七）丁亥《ひのとい》まで、山名金吾は天下に肩を並べる人はほとんどいない状態であった。

諸国の動乱の趣きを記すと、筆が海一杯になるほどに書いても書き尽くすことはできない。また、赤松次郎の赦免のことはわけがあるのだろう。その身内の石見太郎左衛門尉（赤松満祐の家臣・岩見雅助か）という者が、三条内府（実光）のもとにまず奉公に出た。一所懸命に宮仕えをしたので、内府の御意に適《かな》った。時々、赤松家のことを申し含めた。綸旨《りんじ》明鏡の趣き、入道円心に等持院の殿様（足利尊氏）よりいただいた七通の御契状の趣き、また、細川は父、赤松が母などであるという御置文《おきぶみ》（遺書）のこと、錦の直垂《ひたたれ》を奉ったことまで、細々《こまごま》と申したので、内府はそれらをあれこれと聞き及んでいたことである。（三条内府が）

「さても、嘉吉の変を悪逆として埋めてしまうほどのことがあったろうか」

と仰せられたので、石見太郎左衛門尉は、寝床で思案して、

「本当に日本の御宝の神璽・宝剣・内侍所のうち、神璽は南朝にございますとかいうことです。もしも、これらを取り参らせて、都へ返し参らする必要がございましょうか」

と申したところ、内府は心の中に、

「近く、そうでなければならないことだ」

と思って、内々室町殿（義政）へ申されたので、

「勅命をいただこう」

といって、天皇に奏したところ、

「吾朝の御宝が都に入れば、赦免は子細あるまい」

という天皇の命令であった。

このことを石見は喜んで、赤松一族で間嶋と被官の中村太郎四郎を加えて説得し、同志の者たち十余人と談じて、南帝への奉公を望み申した。（南帝側は）左大臣義教を討った御敵であるからと、御心安くお考えになり、夜の御寝所近く伺候させられた。

ある夜、忍び込んで南帝をたやすく討ち奉り、三種の神器を取り持って忍び出たところ、吉野十八郷の者たちが起きて追いかけてきた。（南帝の）御首を中村太郎四郎がいただいて出たが、郷人に討たれてしまった。三種の神器は、間嶋やその他の者たちが持って上った。内府は急いで室町殿へ参り、

「しかじか」

と申されたので、さっそく奏聞されたのであった。

天皇のご機嫌は大変によく、（三種の神器は）紫宸殿にお移し参らせた。先年、（赤松は）嘉吉の変のときに誅伐が行われたけれども、このたびは勅許があって許された。政則は五歳、長禄三年（一四五九）己卯《つちのとう》、赦免の綸旨に御教書を添えられ、まず、闕国だからといって加賀の国の半国を下されたのであった。このことを山名金吾は無念

なことに思ったので、三条殿で幸若舞があり、それが終って群衆の人々が帰る道で石見太郎左衛門尉を辻切りのようにして山名殿に討たせてしまった。

赤松次郎の赦免のことは、山名が鬱々した気持ちになったのも当然であった。果たして、武衛騒動より天下が乱れ始めて、畠山両家が戦ったために、細川・畠山・山名のあいだに遺恨が生じ、この一乱が起こったが、（ここで）赤松は本国安堵ということになった。

但州合戦のこと

但馬の国朝来郡へは、応仁二年（一四六八）戊子《つちのえね》三月二十日、長九郎左衛門尉・丹波の内藤孫四郎・足立・蘆田・夜久が乱入した。一品・粟鹿・礒部へまず多勢で入った。太田垣土佐守父子は京都の留守に同族の新兵衛尉がおり、楽音寺に陣を取っていたが、一品の上の大同寺山の敵は葉武者（取るにたらない武者）と見通して、礒辺へ出たところに、敵は東川を出発したと見えて、焼烟《しょうえん》が峯尾に移った。それで、夜久野の賀茂山に立ってはるかに見ると、大将と見えて旗二流のもと、強い軍勢どもが魚鱗《ぎょりん》の陣形（魚のうろこのような形に並ぶ陣形。中央部を敵に一番近く進出させた形を取る）に連なっているのが広い野中に見えたので、「味方は小勢である。いかがしよう」と思案していた。そこに、太田垣新兵衛・行木山城守が、

「続けや、者ども！」

と言って、鋭い矢を出して、刀の切っ先を揃えて打ってかかったので、その勇ましさ、鋭さに恐れて、気勢がそがれたところを、

「してやったり、うまくいった！」

と、大将と思われる者に切ってかかった。

長も内藤も、しばし戦ったけれども、一所《ひとつところ》で討死にをしてしまった。大将が討死にをしたので、夜久野の敵は散り散りになり、東川へ打ち入った者も散り散りに落ち失せた。粟鹿・一品にいた者たちもこれを見て、あっというまに逃げ失せた。この合戦に勝利を収めたことを京都へ注進したところ、金吾は喜んで、身に着けていた具足に御賀丸という太刀をそえて太田垣新兵衛に与えた。鹿苑院殿（足利義満）が下された重宝だと聞いている。

このように勝利を得たけれども、やはり、朝来郡は、播磨と丹波の境である。都の

者たちは、

「敵を引き入れた」

ということを申したので、太田垣土佐守の嫡子新左衛門宗朝を差し下された。この争いに、丹波の国へ乱入した宗朝は、丹波の国の左治の青梨山に陣を取り、左治・蘆田は申すに及ばず、犬山濃あたりまで打ち従えた。

下の口からは垣屋越中守・同平右衛門尉が大将として、河口・和久あたりまで乱入したところ、雑説が流れ、これという合戦はなかったけれど、但馬へ引き退いた。そうして、一つの攻め口ではだめだと評定して、青梨から太田新左衛門が引き退いたのは無念であった。

また、文明三年（一四七一）辛卯《かのとう》三月二十三日には、山名弾正是豊の子の七郎が、但馬の国九日面《ここのかおもて》へ乱入した。九日の川向かいに陣を取り、心を合わせる者たちは、奈佐太郎以下が九日面の上の富辺羅《とべら》山に陣を取った。九日には垣屋越前入道宗忠が孫の亀石丸を養育していた。垣屋越中入道の子の平右衛門尉が馳せ合って富辺羅山を追い崩し、奈佐をはじめとして討ち取ったので、川向かいに陣を取る弾正七郎も捨て鞭（馬を急がせるとき、むやみと馬の尻を鞭で打つこと）を打って引き退いた。

醍醐山科合戦のこと

また、醍醐・山科は、三宝院がお持ちであったので、御合力として赤松衆と武田衆がかかわった。ここに、目付として骨皮左衛門道源といって多賀豊後守が所司代のとき奔走していた者の手の者どもが京の中や山城周辺に多かった。申す子細があったので、勝元は（骨皮に）呉服所（天皇の衣服を調達した所）の織物、黄金造りの太刀などを与えたので、（骨皮は）山科より稲荷へ越えて、社務の羽倉出羽守と相談して、稲荷山の上の社に陣を取った。

（道源は）伏見・小幡・藤森・三栗・深草・淀・竹田・鳥羽・法性寺小路まで手の者の配下となったので、ほぼ郷人どもは降参して、下京はどうあるべきかと思っているところに、山名・畠山が諸勢を遣わし、稲荷山を攻めてきた。（そこは）あちらこちらの悪党・物取りのたぐいであったので、方々へ逃げ散ってしまった。

道源は、板輿に乗り、女の真似をして後の山へ落ちて行ったが、山名殿の河原の者が、ちょうどそのとき、追いかけて討ち取ってしまった。落書があった。

昨日マデ稲荷《いなり》マハリシ道源ヲケフ骨皮ト成《なる》ゾカハユキ

（昨日まで稲荷をまわっていた道源が、今日は骨皮となってしまったのが気の毒だ）

京の童《わらわ》たちは、長井斎藤別当実盛が錦の直垂をいただいて名を北国の巷に挙げ、錦の袂を会稽山にひるがえした朱買臣《しゅばいしん》（前漢の政治家）のことどもまでさまざまに言い続け、「今の骨皮左衛門は呉服の織物を稲荷山にひるがえす」とたわ言《ごと》に申し、小唄に作って歌った。

社司羽倉出羽守も従類たちも引き退いた。醍醐・山科はこのような状態であったけれども、朝倉弾正左衛門尉並びに足軽の高野藤七に取られて、逸見駿河守入道は命からがら退却した。

応仁二年（一四六八）戊子《つちのえね》九月三日、内藤備前守は丹波の国を相《あい》うながし、久下・永沢・荻野・本庄・足立・蘆田以下が大江山を越えて、谷の堂・峯の堂・梅津・桂を発向し、同六日、嵯峨の天龍寺をはじめとして全ての地に放火した。これで、山名金吾方からは、宮田備後守を大将として、同七日、諸家の軍勢が相《あい》向かった。義廉・義就・政弘の軍勢も向かった。

勝元は、いらいらと気をもんでいたけれど、山名の陣を差し越えて軍勢を合力するような様子はなかった。

船岡山合戦のこと

「それならば、船岡山を攻めよ」

と言って、能成寺の口へ出た。安富・香河は、芝の薬師・安居院口へ取り向かった。船岡山へは山名是豊・薬師寺与一・浦上美作守・成真院などが向かった。この山をば一色左京大夫・山名相模守が守っていた。北西・北・北東の三方から攻め上ったけれど、この口を小鴨安芸守が支えていた。ここに、浦上の小者一若という足軽が、賀茂より紫野の正伝寺の脇からわずか五、六十人で船岡山のうしろへ回った。この口は一色が守っていた。「ここまで敵が攻めてくることはあるまい」と思っていたから、ほとんど軍勢は嵯峨へ行っていたので、しっかりと戦える人もいなかった。

一若は、堀を飛び越え、石の築地を飛び上がり、陣屋の片脇に火をかけたので、一色は諸勢を引き立て金吾の陣へ馳せ加わった。相模守（山名教之か）は、そのとき病気で、養生のために本陣にいた。小鴨安芸守は、文武二道の兵《つわもの》であったから、どうしていささかでもひるむことがあろうか、前後の敵に十文字、八つ花形に切ってまわり、去年大宮で討死にをした常陸守の子の三郎と一所で討死にをしたのであった。

すべて相模守が頼りきっている兵は五十余人ということであった。こうして、

「この城を持ちこたえるようにせよ」

との上意があったところに、成真院が、

「利を得て、利を失うという道理がある。当陣より攻めかかるならば、紫野・今宮の二カ所ほどに中継ぎの城がなくてはどうにもなるまい。ただ、きっぱりと捨てられよ」

と申したので、

「もっともだ」

と言って捨ててしまった。

嵯峨へは宮田備後守をはじめとして、脇見もせずに切ってかかったので、内藤はたまりかねて、丹波を指して引き退いた。大江山の峠を構えて、むしろ自分の国（の安

全)を用心した。丹後の国へは武田大膳大夫が(命令を)賜って、逸見駿河守・青江・貫科が四月一日に打ち入った。一郡は細川典厩がいただいて、同族の天竺孫四郎が乱入した。ほぼ打ち靡《なび》いたところに、但馬から垣屋平右衛門尉と同出雲守が合力して、丹後の国富光山寺に陣を取った。

武田衆・天竺孫四郎が四方から切り上ったので、広い山寺なものだから、諸陣は打ち散らされてしまった。(しかしながら)それを、平右衛門尉は大太刀使いで、少しもひるまずに切ってまわったので、天竺・武田は切り崩されてさんざんになったところを、追い攻め追い攻めて切った。このことを知らずに、出雲守は、但馬の九日《ここのか》まで遠く退いたということであった。同族の親類の者とはいうものの、大変な働きだといって、平右衛門尉を褒めない人はいなかった。

天竺孫四郎は討死にをしたので、右馬頭は、重ねて一宮左京亮の官を下したのであった。この国の戦いはいつ終わるとも思われなかった。

相国寺の塔炎上のこと

文明二年（一四七〇）庚寅《かのえとら》十月四日の初め、月は一天の曇りもなかったが、（その）月が山の端に懸かるほどのころ、北西の愛宕の方からかき曇り、まるで車軸を流す如きの大雨が降った。雷電は耳をおおい、目をつぶっても甲斐がなかった。ややしばらくして、相国寺の七重の塔一基が一昨年焼け残ってあったのに、雷が落ちかかり、上の櫓《やぐら》を焼いた。番衆が見て、

「猿のようなものが、塔の各層に火を付けると燃え上がった」

と申した。（不吉な）時節が到来したのはまちがいのないことであった。

後花園院崩御のこと

文明元年（一四六九）己丑《つちのとうし》、仙洞（後花園院）のご病気のことが仮初《かりそめ》のように、（十二月）二十七日夜半ごろに崩御された。御年五十二とかいうことであった。一昨年の九月より室町殿へ主上・上皇がご一緒に御幸なった。あわて急いで、住み馴れておられた皇居を出御したことは、夢路をたどる気持ちがして、朝夕の鬨《とき》の声、矢呼びの音に御肝《きも》をつぶされて、ついに再びお帰りにならず、このようにおなりになったことの御

嘆きは、主上をはじめとして、摂政・月卿雲客、後宮の三千の后妃が惜しみなさることは限りなかった。室町殿の御愁嘆は、読んでも書いても尽きなかった。（しかし、いつまでも）このような状態のままであるべきことでないから、ただちに白雲聖寿寺へ密かに（遺体を）出し申して、御葬礼の儀式の御営みなどを、僧たちがとりしきられたのは哀れであった。乱世ゆえに、百官が散り散りになった。御子の関白殿一条太閤（藤原兼良）は奈良の故郷の跡を尋ねて御下向になった。御孫は土佐畑御本所（藤原教房）は、兵庫へ御下向になった。御孫は土佐畑御本所というところに御下向になった。左遷・遠流などというものは聞き及ぶことがある。たまたま住むのが嫌《いや》になられて、自分から御下向になる。（そうした）御心中はいかばかりかと推察された。公卿・殿上人は、厳子陵《げんしりよう》の釣台も足を伸ばすには水が冷たく、鄭太尉《ていたいい》の幽棲も薪を担《かつ》ぐのに山が険しい（厳子陵・鄭太尉ともに後漢の人）。このような一業所感の時節が生じて、辛い目に遭うだろうと思わない人はいなかった。そうでなくてさえ、諒闇《りようあん》のおりに加わった（辛い）ことであった。

明日正月三日、悲田寺において御最後の御葬送が行われる。東山の泉涌寺が破壊されてなかったので、元応寺の長老恵仁が、秉燭《へい》の御役（燭を持つ役）である。准后《じゆごう》（義政）は白雲より御藁履《わらぐつ》で御車の御後に供奉される。御冥加《みようが》のほどはありがたいことであった。御前駆は布衣《ほい》（六位以下身分の人）をはじめとして役者《えきしや》（警備の者）はいつもの通りである。右京大夫勝元は今の管領、赤松次郎政則は別当職である。諸家が辻を堅め、とりわけ浦上美作守則宗が所司代だから、厳重な御警護を致していた。

堂の後ろから一町ばかりは僧衆が威儀をこらしてお迎えに参り、静かに浄土の讃を声を引いて唱え、堂中へ御車を寄せて御龕玉《がんぎよく》（棺）を下ろし参らせて、仏前にかき据え参らせ、しばらく御儀式があった。

准后は、堂の南の御堂と井垣のあいだに北に面してお立ちになる。善の綱（仏像の右手にかけた五色の綱。臨終のとき、西方浄土に導かれるために手に持ち、また仏縁を結ぶために参詣者もこれを引いた）を御手にお持ちになる。（棺が）お通りのとき、しばらく蹲踞《そんきよ》（ひざまずいて叩頭すること）なさる。御仏事がさまざまに行われるあいだ、お立ちになっている。井垣の内では、四知讃・十重禁戒などを読まれる。長老が熱心に御仏事を行っているとき、まことに西の方から雪が花のように散ってきた。沈香はさまざまに香り渡り、霞も烟《けむり》も立ち上《のぼ》っていた。極楽浄土の異香もこうであろうと思われた。本当に花蔵世界とかいうものになるかと不思議に思われた。

儀式が終わって、准后は還御になった。五旬《じゅん》の御営みはさまざまなことであった。

（初め、後文徳院の号を奉り、後日、これを改めて後花園院とした）

今出川殿御上洛のこと

さても、今出川殿（今出川義視《よしみ》・足利義政の弟。義視は、応仁元年八月二十三日夜、都を逃れて、ひそかに伊勢の国の教具の館に赴いた）は伊勢にお出でになった。国司が参上して、二つとないもののように崇め奉った。小倭の聖寿寺と申す寺で次の歌をお詠みになった。

静《しずか》ナル深山《みやま》ノ奥ノ隠家《かくれが》ニ夜ノ嵐ヲ何ト聞《きく》ラン

（静かな深山の奥の隠家で、夜の嵐を何と聞くことであろう）

所々の山寺、静かなたたずまい、名所などをご覧になって、毎日、ご一献のお慰みがあるとは申すものの、さすがに都の空をお思いになるのは無理もないことであった。

袖ニ吹ケ都ノ秋ノ風乗ツテ
（袖に吹け、都の秋の風に乗って）

とお詠みになると、宮千代という名高い童がいたが、次のように付けた。

紅葉《もみじ》ヤ便リ君ニ逢ヒヌル
（紅葉が都の便りとして貴方様に逢いに来たことです）

大変優美に思われた。

同十日、（今出川殿は）平尾に向けて出立された。吉見兵部少輔・宮ノ中務丞・荻野修理亮・飯河孫六・小坂孫四郎が京都より送られて（今出川殿のもとに）参上した。同九月十三日、浜へお成りになった。

思ハズヨ都ノ月ノ後ノ名ヲ伊勢ノ浦ハノ浪ト見ントハ

（都で眺めた月を、今はこの伊勢の浦の波と共に見ることになるなどとは思ってもいなかったことだ）

都のことを伊勢でお聞きになると、十月三日に一条東河原方面で相国寺も焼けた、室町殿も危険な状態であったという。世のありさまのあきれはてるようなことをご覧になって、公方様は、次のように詠んだ。

ハカナクモ猶《なお》治マレト思フカナカク乱レタル世ヲバイトハデ

（はかなくもなお治《おさ》まれと思うことである。このように乱れた世を厭《いと》わないで）

御所様がこのようにお詠みになるのも当然であった。勝元が中心だと頼りにされていたが、今度の乱で重要な役割を果たしていた安富民部も東門口で討死にをしたとお聞きになった。たいそう哀れにお思いになり、お嘆きは限りがなかった。

こうして応仁二年（一四六八）戊子《つちのえね》四月九日、今出川殿に早々にご上洛するようにとの勅書があった。たびたび、御内書も参着致した。これによって、国司へ短歌を遣わされた。

秋ノハノ　ソヨグ嵐ニ誘ハレテ　露ノ命ハ
惜シマネド　秋カソノカミノタメヲノミ　思フ心ニ
住ミ馴レシ　都ノ内ヲ　出《い》デソメテ　伊勢ノ浦ハノ
人ナミニ　寄ルベキ影ヲ頼ミツ、　移ル月日ノ
ホドモナク　秋果テ春モ　ウチ暮レヌ　カクテイツマデ
荒磯ノ　藻《も》屑《くず》ヤ塵ノ　身ナリトモ　偽リナキヲ
哀レメト　神ニ任セテ　起キ臥シニ　祈ルシルシモ
甲斐アリテ　カタジケナクモ九重《ここのえ》ノ　雲ノ上ナル
大君ノ　勅ヲ蒙ル　ウレシサヨ　ヲロカナルヲモ
嘆クゾヨ　上ニモ下ノ　従ハデ　心ノマ、ニ
乱ス時代ヲ

〈紅葉がそよぐ嵐に誘われて、露の命を惜しまないけれど、私が帝だけを思う心で〈注・このあたり文意通じず〉、住み慣れた都の内を出始めて、伊勢の浦に人並に寄

るべき影を頼りながら、移る月日のほどもなく、秋が終わって春も暮れてしまった。こうしていつまでも荒い磯の藻屑や塵のような身であったとしても、偽りがないのを哀れめと、神に任せて起き伏しに祈る験《しるし》もかいがあって、かたじけなくも九重の、雲の上の大君の勅を蒙ったうれしさよ。愚かなことを嘆くことである。上の者に下の者が従わないで、心のままに乱す時代を）

贈答　十三日　前中納言教具

世ノ中ヨ　秋ノ半《なかば》ノ　末ツカタ　召シニ従ヒ
カクラクノ　初瀬ノ山ノ　山際ニ　イザヨフ雲ノ
立カヘリ　オナジ仰ノ　オモケレバ　末《すえ》モ卑《いや》シキ
谷ノ戸ノ　杣《そま》ノ仮屋ヲ　ヤゴトナキ　君ガオマシト
定メツ、　黄葉ノ門ノ　秋モ過ギ　桃ノ園生《そのう》ノ
春モ暮レ　オサマル事ハ　夏引ノ　イトモ苦シキ
身トナリヌ　シカハアレドモ雲ノ上ニ　聞コヘアゲツ、
ミコトノリ　カタジケナサノ嬉シサヲ　包マン袖ハ

程モナシ　我ニモアラズ　武士《もののふ》ノ　ウツシ心ハ
タケナハノ　経ヌベキ年モ　惜シマレヌ　露ノ命ヲ
奉リ　我浜荻ヤ　和歌ノ松　二ツノ道ノ
家ノ風　吹キ伝ヘツ、　御世ニ仕ヘン
松風ニイカヾハ絶ヘン刈萱《かるかや》ノシドロモドロニ乱《みだれ》アフトキ

（世の中よ。秋の半ばの末のころ、帝の召しに従い、隠れている初瀬の山の山際に、いざよう雲がたち帰り、同じ仰せが重いので、末も卑しい谷の戸の杣の仮屋を尊い貴方様の住まいと定め、黄葉の門の秋も過ぎ、桃の園生の春も暮れ、治まることは、たいそう苦しい身となった。そうではあるが、雲の上に申し上げつつ、帝の御言葉のかたじけなさ・嬉しさを広くもない袖で包んでいる。我にもあらず、武士の現《うつ》し心は、いまたけなわの経ぬべき年も、惜しくはない露の命を奉り、わが浜荻や和歌の松、二つの道の歌風を吹き伝えながら、御世に仕えよう。松風にどうして絶えることができようか、このように刈萱がしどろもどろに乱れあっているときに）

（今出川殿は）同日正午ごろ、丹生をお出になり、午後二時ごろに平尾にお着きになった。御馬（栗毛・鴇《とき》毛）、追い追い御内書並びに勝元・政長・政則一味の連署が参着した。伊勢・伊賀両国の人はことごとく伺候した。

五月四日、須可の積善寺にお成りになった。同六月一日、国司より御一献差し上げられた。同十三日、聖護院の熊野那智籠り三年が御結願し、参られた。（今出川殿は）土岐・世保が上意に違背したということが国司へ仰せ出された。御退治は異議のないことである。同二十六日、須可より木造庄北川の東明寺へお成りになった。

同十日、美濃の国斎藤持是院妙椿が御馬（青毛）を進上した。同十八日、世保を退治するために、国司が木造まで行き、同二十八日に進発した。北方の柳若松で矢合せがあった。二十五日、小山で関賀太が参上した。二十六日、国司は栗真庄の内、白子へ着陣した。

同二十八日、世保の本城である上箕田・林崎並びに外城である柳若松を同時に攻め落とした。同二十九日、世保に与力した楠原が落城した。同十一日、勅書並びに御内書が参着した。御使いは聖護院殿である。十七日、（今出川殿は）岩田の円明寺へお成りになった。

二十五日、長野へお成りになった。御先打ち（馬に乗って陣頭に立つ者）は、畠山式部少輔である。長野の尼道場宝寿寺へお成りになった。同伊賀・仁木が参上し、賀太が御一献を差し上げる。平野より江州多羅尾の龍泉寺へお成りになった。京都よりこのあたりまで参られる人もあった。敵の間近となると、ことさら、大名の一人として自分自身は参上しなかった。勝元は、右馬頭をもって（ご挨拶を）申され、赤松次郎は能登四郎をもって申され、尾張守は宮内少輔をもって申された。武田治部少輔は、（自身で）参上した。

赤松伊豆守は、三河守をもって（ご挨拶を）申した。八日、石山へお成りになった。十日、三井寺へお成りになる。細川宮内少輔・武田大膳大夫が浜まで参上する。同十一日、北岩蔵にお出になる。同十二日、京へお入りになった。聖護院が御同道する。諸家よりお迎えの奉公衆はことごとく参る。伊賀・仁木がお供をする。その行列の粧《よそお》いの厳重なことは、筆にも尽くすことはできない。入江殿がお出でになった。上皇のお悦び、公方様（義政）の御祝着は限りないことであった。勝元・政長・政則のことは申すまでもないことである。十月五日、（今出川殿は）聖寿寺へお移りになった。

洛中大焼のこと

花の都は、まことに名にし負う平安城であったが、思いがけなく応仁の兵乱によって、今は赤土となってしまった。その中でも禁裡・紫宸となったのは仙洞《せんとう》（院の御所）である。今の伏見殿がこれである。高宮は雲にそびえ、また道は空を行き、五歩歩けば一楼があり、十歩歩けば一閣があった。頻繁に出入りする墨客《ぼっかく》は、美しい建物に心を留めない人はいなかった。

最近、西芳寺の風景を移され、山には、楊梅桃李の名花を植え、鯨鯢龍鳳の怪石を立て、友を求める鴛鴦《えんおう》は水鏡を愛する。花をもてあそぶ淑女は、雪絃を奏で、椒蘭（薫物《たきもの》）の烟り、綺羅《きら》（美しい衣服）の艶は四方に薫る。九天に翻《ひるがえ》る粧《よそお》いは、まさに秦の阿房宮というともこれにはすぎまいと思われた。

また、花の御所の甍は珠玉を輝かし、金銀をちりばめる。その費えは六十万緡《びん》（銭《ぜに》さし）なので、（私のように）浅い智の者の筆で記すことはできない。並びに高倉の御所には、大樹義政公の御母、御台所が住み入った。これもその営財を尋ねてみると、腰障子(腰板の高さがおよそ三十センチメートルほどの明り障子)一軒の価に万銭ということである。この（邸宅の）霊厳さは、これでもって計ればよい。

東に烏丸殿がある。これも、慈照院殿（足利義政）の幼少の御時にお建てになったところで、単に美麗という言葉では言い表せないものである。三条殿は、故贈大相国義教公の北の政所である藤原のお里であるから、巧匠の術を尽くされていた。日野・広橋も当代の元帥（総大将）室町殿（義政）の御外戚で、いずれも珠玉をちりばめていた。その他、すばらしい公家の御所は、近衛・一条・鷹司・久我・徳大寺・花山院・洞院・菊亭・西園寺・転法輪、この御門家をはじめとして、冷泉《れいぜい》・飛鳥井・四条・世尊寺・甘露寺・清水谷・中御門・藪・庭田・中山・高桑・園・坊城・万里小路・山科と菅家の人の御殿である。その他、医・陰陽両道・外記の官務にいたるまで、およそ二百有余カ所が四足《しそく》の棟門を立て並べ、檜皮葺《ひわだぶ》きでない御殿はなかった。

並びに二条殿の御事は、驪山《りざん》（陝西《せんせい》省臨潼《りんどう》県の東南の山。秦の始皇帝の陵があり、唐の玄宗はここに離宮の華清宮を造った）の昔を真似、温泉臨・華清宮で四季に絶えない歌があった。さて、大名の家造りは、吉良・石橋・渋川などはさておいて、武衛・細川・畠山・山名・一色・六角は上げ土門《つちもん》（屋根の部分の板の上に土をのせた門）を建てていた。

また、冠木門《かぶきもん》（冠木を渡した屋根のない門。冠木は門柱の上部を貫く横木）の武士方は讃州・相模・土岐・京極・能登・美作両大夫・備中の守護・因幡守護・和泉両守護・淡路守護・大館・富樫・伊勢・武田大膳大夫・甲斐や織田。畠山には播磨守・中務少輔・遊佐がいた。細川には右馬頭・下野守。仁木の一族に五郎少輔と葦原と、そうして京極には加賀守・黒田ということであった。土岐の下には池尻、この他奉行頭人と、奉公の外様の大名家の御殿造りを記そうとしてもきりがなかった。

あるいは、薬医門、平門《ひらもん》（柱を二本立て、屋根の上を平らに造った門）の大名のうちにいたるまで、およそ六、七千間はあるだろうと思われた。記すところ、その中に取り葺き（屋根の葺き方で、そぎ板を並べ、竹や木で上を押さえ、石を重しとして置いているもの）はかつてあるはずがなかった。また、門跡を考えてみると、まず仁和寺の四十九院、大覚寺の諸院と三宝院は東寺家の長者司（勅任によって東寺に住した一山の首長の役所）の門家である。中でも仁和寺御室の御所造りは、双岡《ならびがおか》の木を茂らせて、池の見越《みこし》の比叡山、流れの末の雪山を問うならば、木寺の宮の華送る、嵐に雪の滝波が、しきりに思い出される。『経正』（平経正は寿永三年・一一八四没。仁和寺御室の覚性法親王らと親交があった）に「住み飽かざりし宮の中」と詠まれているのはもっともなことであった。

さて山門の諸院は、梶井の御所・青蓮院・妙法院をはじめとして、安居院・石泉院・毘沙門堂・尊勝院・法輪院・定法院はほとんどが高殿《たかどの》であり、中でも梶井の宮の造りは船岡山の滝のあたりに東の尾根に並ぶ松が雲にそびえて、お池には常に群がる鴛・鴨がいる。(この風景は)近江の湖水と異ならない。所も名に負う花盛り、雲の林の宮所は、宮中の春にも劣るだろうか。

並びに三井の御門徒には円満院・聖護院・花頂・実相・若王子・吉田・霊山・近衛坂。その中でも花頂山は、韓国の金花山を移してきて、峰にも尾根にも雲の端が咲き埋もれて夕日影、甍に花が照るかたわらで、吹くとも見えず散る嵐も芳香にむせぶのであろうか。

円頓院の眺望は、遠い田舎を行く客を、居ながら前に都路を見る思いがして、知るも知らぬも逢坂の、行くも帰るも家の土産に、花を飾らない袖はなかった。

さてまた、諸宗の寺々を数えると、まず相国寺の広大な一隅を挙げて考えるがよい。近年、造った十三塔頭《たつちゆう》を混《ま》ぜて一所に集めたとしても、昔の塔頭一つを造るのに要する費用に比べると、ただもう百分の一であろう。おそらく祇園精舎・摩尼宝殿といっても、これ以上ではあるまいと思われた。また、洛中の藍舎で、安居寺に広覚寺、五辻に景愛寺、千本に両歓喜寺、この寺に定家葛の墓がある。一条大宮に円弘寺、仏心寺、この寺と申すのは、賀茂の斎槻《いつき》(神木としていみ清めた槻の木)に備わってあられる朝顔の墳がある。堀川に雲の寺、一条の道場東北院、これは上東門院がいらっしゃった寺だから、和泉式部の軒端《のきば》の梅がある。河崎・秋野・浄華院・大炊《おおい》の道場・南御所・等持寺・四条安国寺・通玄寺・安禅寺・入江殿。麓の道場八講堂。大宮に三カ寺、悲田院・安楽光院・長講堂。亭子院の河原院、この寺は源融《とおる》の大臣が昔、血鹿《ちか》の塩釜を移された旧跡である。

東山南禅寺五十カ所の塔頭は星を並べるようであった。亀山法皇のご建立、毘盧《びる》頂上(毘盧遮那仏を頂くの意か)の寺だから、肩を並べる宗派はなかった。その塔と並びの慈氏院は十刹でも及ばないということであった。

東岩倉の元応寺。この寺は、後醍醐院が御手に錦の簀《さく》(すのこ)をお持ちになり、土壇をお築きになった。また、法勝寺は代々皇居の寺として、普通の伽藍と様が変わって、今は離宮を残されている。中山の観音、岡崎の文殊、両岡崎、新黒谷善法寺、鹿谷《ししがたに》の禅林寺、粟田口では善勝寺・慈生寺・太子堂・白毫院・常在光院・長楽寺・光堂・朱徳院があり、雲孤寺（雲居寺か）というのは奈良半仏尊の像が雲を穿つ大伽藍、鷲尾並びに金仙院・観照寺。下川原坂方面には北斗堂・七院・六道興善院・玉蟾《ぎよくぜん》寺・小松谷殿・等光寺。さて今熊野には三所の宮、十二所権現の透廊《すいろう》（両側に壁がなく、欄干をつけた廊下）に神楽若女を並べていた。また、泉涌寺は、仏殿に劣らない十六観堂がある。毘沙門谷の梅の坊は、百梅を尽くして木を密かに切り、山を造って色々に、谷・峰を通していた。左女牛井《さめがい》の八幡、内野《うちの》では神祇官、大内を残す官庁、真言院は天下の大事を祈る祈禱所である。都の西に谷の堂・峯の堂・西芳寺・法輪寺、さてまた嵯峨にある四十八院の寺中にも、天龍寺は五山の棟梁だから、これを本寺とするのである。また、臨川寺の水車は回ることもなくなり、昔の嵯峨の旧跡は、草深い野となってしまった。

はからずも万歳を考えた花の都が、今、狐・狼の伏す土となろうとは。たまたま残っている東寺・北野さえも灰土となったのを、昔も治乱興亡の習いがあるといっても、応仁の一変は、仏法・王法ともに破滅し、諸宗はすべて絶え果ててしまったのはなんとも言いようがない。飯尾彦六左衛門尉が一首の歌を詠じた。

汝《なれ》ヤ知ル都ハ野辺ノ夕雲雀《ひばり》上ガルヲ見テモ落ル涙ハ

（そなたは知っているか。都は野辺の夕雲雀が空に飛び上がるのを見ても涙が落ちるのを）

義視西陣へ御出のこと 附 五壇法のこと

また、不思議な雑説があった。いかなる者が話し出したのであろうか、公方様へ内々に、

「勝元が今出川殿を取り立て申し上げる気持ちである。それで、（義政は）山名の陣へひそかに御出になる御覚悟だ」

ということをしきりに話した。勝元は大変驚いて、夜は一晩中、昼は終日思案して、

「今出川殿様が敵陣へお成りになるならば、御所様は（自分に）御安座を頼むお覚悟であろう」

と思ったので、武田と相談して西蔵口よりまず比叡山へ（今出川殿を）上《のぼ》らせ奉った。

十一月十三日の夜、寒雨が篠突く如くであったが、お出でになった。御辛労はなかな

か言葉に言い表せないことであった。

だから、勝元は考えたとおり、「(今出川殿が)山上に御座」ということを山名金吾が聞くに及んで、同二十五日、勘解由小路の武衛の屋形へお成りになった。金吾一味の大名どもは、すべて我も我もと御馬・御太刀を進上して、人々を驚かせた。同二十六日、御台様(日野富子)は通玄寺殿よりお成りになった。若公様《わかぎみ》は、武田が預かり申し、同二十九日にひそかに送り参らせた。

応仁三年(一四六九)己丑《つちのとうし》正月八日、金吾一味の大名は、御馬・御太刀を進上した。同三月十六日夜、勝元側から芝薬師へ切り込んで焼きたてた。すでに山名殿の厩《うまや》の前まで切って入ったのを、金吾は赤糸の朱実の具足で、老体ながらその身は軽そうで庭前に踊り出て、

「誰かいないか。者ども切り出せ」

と言ったので、摂津守入道父子三人が渡り合い、さんざんに切って回ったので勝元の被官安富紀四郎・甲須亀をはじめとして究竟《くっきょう》の兵十余人が手の者に切り伏せられた。それで、入り込んだ部木と布土両人も夜討ちに入った者たちもしだいしだいに引いて逃げてきた。

同十四日、大内新介が左京大夫に任じられた。同十四日、(今出川殿が)金吾のもとにお成りになった。一色兵部少輔が御剣の役を務め、同五郎・同伊与守・畠山播磨守・同中務少輔・赤松伊豆次郎・同有馬右馬助・富樫又次郎・伊勢備中守がお供をした。御走り衆は三吉式部大輔・熊谷次郎左衛門尉・二松三郎・小坂孫四郎・中嶋次郎左衛門尉・利倉式部丞などである。後陣は一色左京大夫が軍勢を率いて参上した。

さて、細川右京大夫勝元がしきりに申すので、(義政は)御敵を調伏するために、五壇の法を行わせられた。承平年間(九三一～九三八)、平将門を退治するとき、東山に五大堂を建立したのが、その始めである。この法の奇特によって、すでに将門の鉄の身もその益がなく、俵藤太秀郷に敗れて討たれてしまった。御当家において、左大臣殿義教公は、鎌倉の持氏を退治するとき、あの御堂を廃壊して月が常住の灯となり、霧が不断の香となって、長い歳月が経ったのを、この御堂を再興し、五大明王を彩色して、承平の例の通りに、この法を行った。支障なく持氏は命を落とし、御子息春王殿・安王殿をば捕らえ奉り、濃州の垂井の道場で失い奉った。

只今、この法を執《と》り行おうといっても、御堂は敵の陣の中だから、どうすることもできない。(そこで)室町殿の唐門と四足《しそく》門のあいだを新造して、青蓮院・妙法院・三宝院・聖護院・南都の門跡が一人出られて、五壇の法を行われた。中壇のことは、比叡山の座主と三宝院とどちらが行うか、相論があったけれど、座主が行われたと承っている。

中壇の次は、西方の大威徳の法と承っている。このような験徳ゆえであろうか、果たして山名・一色が参上した。畠山右衛門佐（義就）が下向し、大内新介が降参した。武衛《ぶえい》（斯波義廉）は土岐に下国し、ついに洛中は静かになって御所様はお喜びになった。

文明元年（一四六九）己丑《つちのとうし》五月、多賀豊後守（高忠）が江州より猛烈な勢いで東山の如意ガ嶽を陣取った。下京を目の下に直下し、建仁寺大路をはじめとして下の道を断った。毎日、兵を出して、江州の通路が容易なので、商売を考えての御陣かと思っていたところ、六角亀寿丸が蜂起したので、多賀豊後は如意ガ嶽に引き退いて江州に下った。（幕府は）

「こうなった以上は鷺《さぎ》の森の通路を留めるべきだ」

と言って、武田大膳大夫（信賢）に仰せられ、北白川に城郭をこしらえて在城させられた。そのあいだは、坂本の商売の通路の鷺の森はわずらいがなかった。そうでなくてさえ、毎度、比叡山の訴訟といってふさいでいたので、長坂より賀茂へ下り、御霊口へ通る丹波一口での活動は、賀茂と御霊とのあいだで、遠国よりの運送物を落とし取られたことであった。

周防では、大内新介の伯父で道頓という者を、二尾加賀守(弘直)という者が新介の留守に取り立てて兵を引き起こした。筑前の国へは少弐(頼忠)が乱入した。二尾加賀守の子十郎・同七郎兄弟が在京していたが、国より申すべき子細があって、ある夜、浦上美作守の手の者どもが、相国寺仏殿の焼け跡の草の中に伏せて待っていたところ、約束通り、兄弟が二百余りの手勢で出て行った。勝元・政則が対面して、ただちに命令書を下した。摂津の国の池田筑後守・同遠江守は大内が上洛したとき降参したけれども、現在の守護代薬師寺与一が申すべき子細があって帰参したのであった。そのため、大内衆はしだいに取り巻いて「火、水になれ」と(必死で)攻め立てたということを急ぎ告げたので、勝元より合力する旨を申した。これによって、赤松は安丸河内守光綱をさし下した。ただちに城中に隙を見て入った。夜・昼の区別もなく戦っているところに、山名弾正是豊が備後の国宮下野守を攻め手に遣わし、ことごとく討ち従えて、討って上り、兵庫へ切って上った。播磨より同時に赤松下野守政秀・宇野越前守則高・小寺藤兵衛尉則識・明石道祖鶴丸をはじめとして、（諸勢が）神尾十林寺・武庫山仁定寺に陣を取った。

一条政房卿御最期のこと

ここに哀れで驚きあきれるようなことがあった。それは、同十月七日、一条太閤の御孫政房卿が御本領地であるから兵庫におられたが、常の御装束の姿で直衣・狩衣の優美なお姿なので、どのような荒夷《あらえびす》であったとしても、このような尊い御有様を見知り奉って遠慮をするべきなのに、考えが行かなかったものか、長鑓で御心臓を突き通してしまった。しかし、全く御身体を動かすことさえもなさらず、

「南無西方極楽世界阿弥陀仏」

とお唱えになって、そのまま朝の露と亡くなられてしまった。関白などがこのようなことになる例は、少ないことであった。

後日に奈良で太閤がお聞きになって、御嘆きの気持ちをなかなか文章に表わすことは、鳳凰《ほうおう》の毛も及び難く、鸚鵡《おうむ》の舌でも難しいであろう。あまりの御事に、このよう

に詠じられた。

トテモ死ヌル命ヲイカデ武士《もののふ》ノ家ニ生《むま》レヌ事ゾクヤシキ

（どうでも死ぬ命であるのに、どうして武士の家に生まれなかったものか、そのことがくやしいのだ）

近江越前軍のこと

文明三年（一四七一）正月二十三日、近江南郡の大将六角高頼が蜂起し、すでに攻め上ろうと出立したので、北郡の京極方が馳せ向かった。加勢として細川讃州・同和泉守護・河内衆・遊佐・大和・十市が馳せ向かって合戦をしたので、六角方は利を失って、山内三郎以下の輩が多く討たれたので、高頼以下は甲賀山へ引き籠った。高頼の老臣佐々木新左衛門尉入道勝綱は威徳院にいたのを、敵が押し寄せたと聞いて、美濃部・和田が馳せ来て、

「ひとまず落ちのび給え」

と勧めたけれども、

「自分はすでに衰老して余命はいくばくもない。ここで自害し、高頼を落ちのびさせよう」

と腹を十文字にかき切って死んでしまった。

また、越州へは、武衛義敏が下向した。甲斐八郎が山名方として土橋城に籠った。どうしたのであろうか、義敏も土橋城に籠った。そのころ、朝倉父子は在国していたので、追討して国を治めるようにとの御教書を下された。


左兵衛佐義敏は敵の城、越前国土橋の要害へ移り住んだと聞いたので、退けるようにとの内書を遣わされた。あの者のことは、何事もないように一段と計略を廻らすように。詳しいことは貞宗から申すことにする。

九月十九日　　御判

朝倉弾正左衛門殿

朝倉弾正左衛門尉教景に話す子細がある。合戦は手初めといっても、軍勢を出張らせてはならぬということを言いたい。二宮将監に対して計略を立てるように。

恐れかしこみ謹んで申し上げる。

九月二十一日　　義政

左兵衛佐殿

そのとき、同殿の下樋田口の合戦に、教景父子は粉骨を尽くし、甲斐八郎を攻め落とした。甲斐は江州海津のあたりへ逃げ落ちた。また、斯波の一族の千福中務入道増源・甲斐法花院が一揆の者をうながし、再び蜂起したのを朝倉教景・その弟の慈眼院・同修理亮などが松山城を責め落とし敵の者六十四人を討ち取った。波若山並びに岡保の合戦に打ち勝って、千福増源・法花院も討ち取ったので、朝倉父子兄弟は卓抜した勲功で、文明三年（一四七一）五月二十一日、教景に越前の守護職が与えられた。

山崎天王寺合戦のこと

さて、山名弾正忠は、兵庫より山崎に攻め上り、天王山に山城を造って、上下を堅めて、淀・鳥羽・八幡を支えていた。それで、畠山右衛門佐の方より西岡の勝龍寺を陣城として堅め、大内は上山城の柏というところを城郭にこしらえて、強い者たちを置いた。

大内は、大和も唐をも掌の中に握るほどの名将だから、山城の柏野の人々を撫子《なでしこ》のように愛したので、徳風に靡《なび》かぬ者はいなかった。こうして、山名是豊は備後の国へ行き、宮田備後守は山内新左衛門尉の館へ入った。蜂起のことが急を告げたので、「出兵すべきである」ということをしきりに京都へ申し出たが、

「今また山崎に攻め寄せてはよくないだろう」

という評定があって、赤松次郎政則の三カ国衆を番替に申し付けたらよいとの上意であった。けれども、

「このあいだのことがあり、この陣にかかわっては迷惑をする」

と再三辞退申したけれども、

「元弘の乱に、先祖の入道円心（赤松則村）が播磨より摂州摩耶山に攻め上り、数度打ち勝って、そのまま山崎に攻め上り、先代の名越尾張守を討ち取り、六波羅を攻め落としたためでたい吉例だから、辞退してはならない」

と、勝元・政長が異見を出したので、了承申して、山名弾正忠を下向させた。

あるとき、下野守政秀・宇野上野入道・浦上美作守が番をしていたとき、（それは）文明四年（一四七二）壬辰《みずのえたつ》八月二日夜（のことだが）、畠山右衛門佐が勝龍寺より兵をあげて山崎天王山へ夜討ちをかけた。案内者をもって忍び入ったのを、遅く聞きつけて十二人が討死にをし、生捕りになった者も多かった。

そうしているところに、下野守・浦上の者たちが、少々五位川口へ引き退いたが、下野守も上野も美作守も少しも騒がずにいた。美作守が、

「この山の下で腹を切ろう。井上はいないか、井尻はいないか」

と言ったので、井上治部丞・井尻左衛門太郎が、

「ここにおります」

と言って出て行った。

「この城の後ろなども攻め上げようと思うが、道はあるか」

と言うと、

「それはあると案内者が申しております」

と答える。（美作守は）井上には佩《は》いていた太刀を解いて遣わし、井尻には差していた

刀を遣わし、

「ことさら伊豆殿譜代奉公の人だから、頼もしい」

と言い、両人は先に立ち、銜枚《がんばい》（箸のような形で、両端に紐があるもの。これを兵や馬の口にふくませて進軍中に声を出さないようにした）をして茂みの中をひそかに上って行く。城の衆は口々を堅めているといっても、まだ不案内《ぶあんない》である。そのうえ、払暁のことだから、秋霧は深かった。近距離の中でも見分けがつかず、足軽たちは塀を乗り越えて鬨《とき》の声を挙げたところ、逃げる者は数知れなかった。少々戦った者たちを討ち取り、勝鬨の声を挙げていた。「希代の功名」と諸人は話し合った。（将軍の）御感は比類ないものであったと承っている。

山名入道逝去のこと　附　漢竇嬰のこと

文明五年（一四七三）癸巳《みずのとみ》三月十九日、山名入道宗全が七十歳で逝去した。一方の棟梁であるから、西陣の悲しみは限りがなかった。そうこうしているうちに、また、細川右京大夫勝元が四十四歳で同年五月十一日に急死した。数年のあいだ、両雄の争いは止むことがなく、京中並びに寺社はことごとく灰燼となった。人民は飢えと寒さに苦しみ、両方共力尽きて、思いがけなくも和議が成立し、山名方の者はすべて国々へ下向したので、(一時期)勝元は思いのままとなった。

公方に奉公の衆やその他近国の侍は、その門下に出向いて行った。山名は七十歳であるから、精力も尽きてしまったので、ついに亡くなってしまった。遠碧院と諡号《しごう》された。勝元は、四十四歳、まだ強壮のころであったのに……。

このように、血気を誇り、争いをなす者は、一方が果ててしまうと、必ず死ぬという例がないわけではない。漢の武帝のときに、竇嬰《とうえい》という人がいた。景帝のときに、大将軍として天下の兵権を執《と》り、世に双《なら》びない人として振る舞っていたが、武帝のときになって、武安侯田蚡《でんふん》が丞相となり、殊に太后の弟でもあり、極めて勝手な振る舞いをし、威を振るった。世はその下風《かふう》に立たないということはなかった。竇嬰は、もとの将軍だから、威が衰えたといっても、彼の下風には立たなかった。

このとき、灌夫《かんぷ》という者がいた。勇力は人に超え、武功は世間の評判であったから、自分の上にいる人を攻めあなどった。竇嬰と断金《だんきん》の契《ちぎ》りをなし、田蚡のところへ行って、

「竇嬰のもとへ行き、配下になり給え」

と申した。（田蚡は）「灌夫はもともと剛直な酔狂人だから」と考え、

「その期待を裏切るまい」

と約束した。すでにその日になったので、竇嬰は自ら掃き清めて、貴客を迎えようと待っていたところが、田蚡は来なかった。灌夫は大変怒り、田蚡の家へ行き、恨み怒った。

田蚡はこのとき、竇嬰のところへ行こうという気持ちはなかった。

「さっきの言葉は、戯れたのだ」

と言った。灌夫は酔いに乗じて、大いに田蚡を罵《ののし》った。田蚡は灌夫を捕らえて、

「不敬の罪は軽くない。かつ、潁《えい》川で人を殺した過ちは、棄市《きいち》（死罪にして死体をみせしめのために盛り場にさらす刑）に相当する」

と言った。

竇嬰は、姿を変えて訴書を上程して、灌夫に罪がないことを論じ、また、田蚡の方に私心があることを訴えた。天子は両人を太后の朝廷に召して、これを弁じさせ、広く朝臣に尋ねた。汲黯《きゅうあん》や鄭当時は、そのときは竇嬰をよしとした。韓安国は、両方と

もよしとして、

「両者を赦すべきだ。田蚡は、現在の大臣である。竇嬰は先朝の功臣である」

と申した。しかしながら、太后は怒り、

「私が生きているときでさえも、わが弟をこのように、辱《はずかし》めた。私が死んだのちは一族皆酷い目に遭わされることだろう」

と嘆いたので、武帝はやむをえず灌夫一族を極刑とし、役人に竇嬰の罪を考えさせて、十二月晦日、ついに殺してしまった。（だが）翌年正月より田蚡は病に侵《おか》され、灌夫の怨霊が付きまとい、ついに薨逝《こうせい》した。

山名が死んで五十日も過ぎないのに、勝元は天寿《てんじゅ》を全うせずに死んだことは、天のなすところである。兵書に言う、

「兵は凶器である。争いは逆徳である」

と。徳を修めないで、威でもって人に勝とうとすれば、天はまたその魄《たましい》を奪うというが、まことなることよ。

『応仁記』の世界——足利義政・日野富子とその時代

志村　有弘

下剋上

日本の武家政治は、ごくおおざっぱに言えば、平氏と源氏が繰り返し政権を握ってきたといえる。平清盛・源頼朝・北条氏・足利尊氏・織田信長・徳川家康と並べてみると（織田と徳川とのあいだの豊臣秀吉を除くと）、清盛・北条・織田が平氏を名乗っているのに対し、頼朝・尊氏・家康は源氏を名乗っている。偶然といえばそうも言えようが、それは、日本の歴史の大半が武力によって形作られてきたことを示している。

だが、日本の歴史の中で、武士の時代といっても、室町時代—足利政権は、長く続いたわりには、極めて不安定な時代で、将軍も安閑とはしておられなかった。そのよい例が足利義教《よしのり》である。永享元年（一四二九）三月、義教は征夷大将軍となった。そのとき、天下の諸大名は、「我モ我モト上洛シ賀シ奉ル」（『嘉吉記』）という状態であった。赤松入道性具（満祐）も、上洛して、ますます「奉公ノ労ヲ勤ム」（『嘉吉記』）という状態であった。

ところが、春日部赤松氏赤松貞範の流れで、伊豆守赤松貞村（刑部少輔満貞男）という者がいた。義教は、この貞村を男色の相手として可愛がった。『嘉吉記』に「男色ノ寵比類ナシ」と記されているところからも、その寵愛のほどは大変なものであったのであろう。寵愛のあまり、義教は、貞村に赤松の家督を継がせようとした。満祐父子は、このことを聞いて、義教を謀殺することにした。当時、評判の刀鍛冶備前泰光に刀三百腰を打たせて、それを三百人に与えた。この三百人は、義教への切込み隊である。

三百の刀を打たせたというのは、少し誇張した表現であろうが、赤松一族の並外れた財力のほどをうかがうことはできよう。

こうして、満祐は言葉巧みに義教を誘った。

「鴨の子が沢山出てきて水の中を泳いでいるから、お目にかけたい」

義教はなんの疑いもなく、普通よりも供の者も少なめで出かけて行った。宴が始まったところで、あらかじめ計画していた通り、庭に馬を放った。庭の中は大騒ぎとなったが、「馬を外に出すな。門を閉ざせ」ということで、すべての門を閉ざしたところで、例の三百人が、義教をはじめとして一人も逃すなと、切ってかかった。義教が殺されると、供の者たちは我先にと逃げ出し、赤松を討とうなどという者は一人もいない。満祐は、「諸大名がさだめて押し寄せて来るだろう。一合戦をしたうえで、腹を切ろう」と思っていたが、門の外には誰一人として攻め寄せて来る者はいなかった。こうして、満祐は、播磨の国へ下着した。まさに下剋上である。食うか食われるかだ。

義教が殺された後に、都では、山名金吾などが評議のうえ、赤松攻めを行い、満祐を討ち取ることに成功する。

満祐に謀殺された義教の子が、足利義政で、日野富子の夫である。こうしたありさまを見ても、室町政権というものが、まことに脆《もろ》く、不安定なものであったことを感じさせられる。

富子の輿入れ

歴史の流れの中で、戦乱は、多くの文化遺産を消滅させてきた。織田信長が比叡山を攻撃したとき、あまたの伽藍とともに貴重な文書・器物類も焼却してしまった。その信長は明智光秀の奇襲攻撃で本能寺で最期を遂げたが、自分の命とともに、数多くの茶器の珍品を失ってしまった。

室町時代の応仁の乱も、京都の町を灰燼に帰し、多くの寺社を焼いてしまった。その応仁の大乱の原因を作った人が、日野富子である。

日野富子は永享十二年（一四四〇）、贈内大臣・正二位日野政光を父、従三位苗子を母としてこの世に生を享けた。『尊卑分脈』の記載によると、政光の子供は光芸（東北院、俊円僧正附弟）・増円（日野別当、権僧正、尊勝院、重慶僧正附弟）・斉浩（侍者、仙嚴和尚弟子）・光淳（別当、僧正、西南院、重覚僧正弟子）・永俊（首座、贈太政大臣義政公猶子）・女子（慈受院弟子）・女子（従一位富子、贈相国義政公室、義熈公母）・女子（贈相国義視卿室、義稙公母、号妙音院、贈従一位)・女子(宝慈院)と九人を確認することができる。また、『尊卑分脈』では政光の弟の位置に記されている勝光は、「実政光子」と記されているように、実は富子の兄で、母も富子と同じく苗子である。勝光は、左大臣・正一位まで昇進し、文明八年(一四七六)六月十五日に四十八歳で他界した。勝光の昇進の早さは目を見張らせるものがあり、これは、富子が義政の正室となったことと無関係ではあるまい。勝光がいかに権勢を誇ったか。応仁元年五月十九日、右近衛中将藤原雅国が内大臣日野勝光(三十九歳)の家令となるという事件が起こった。事件ではないといえば事件ではないが、現職の右近衛中将が家令となったのである。『後法興院政家記』には「今、権家に就くはかくの如きか」・「いまだかつて未曾有のことなり」・「はなはだもって不審なり」(原漢文)と強い批判をもって慨嘆している。

ところで、富子の兄弟であるが、光芸・増円・永俊と四人の女子の母は苗子であるが、斉浩・光淳(一説に苗子)の母を「家女房」としている。ただ、この兄弟で気掛かりなのは、光芸・増円・斉浩・慈受院弟子の女子・宝慈院女子の五人が「早世」していることだ。なお義政の猶子となった永俊の子供は、右大将藤原忠輔の室となった者、足利義澄の室となった安養院がいる。ともあれ、富子の兄弟姉妹に早世した者が多いのをみると、比較的病弱な家系であったのかも知れない。

政光の父義資《よしすけ》（贈左大臣・大納言重光の子。贈大納言・権中納言・正三位）の妹重子（従一位。勝智院と号す）は、足利義教の室で、義政の母である。だから、富子と義政とは縁続きである。重子の姉は義教夫人であった。この姉が義教の夫人であったのだが、他界したために、やがて重子が正室におさまることになる。

元来、日野一族からは、足利家に多くの女子が嫁いでいた。富子らの他に、権大納言時光女業子《なりこ》は義満室、権大納言資康（重光の父）女康子も義満室、同じく資康女栄子は義持室で義量の母、勝光女（祥雲院と号す）は義熙（義尚）の室となっている。

重子にしてみれば、自分の子義政の妻にはどうしても日野一族からと願っていたに違いない。富子の輿入れは、重子にとって待ちに待ったことであったろう。

今参局

義政には、幼いときからそばにいた今参局《いままいりのつぼね》という女性がいた。「今参」とは、新参者の意であるが、「今参局」というと、歴史上、義政の愛妾で富子のライバルであった女性というふうに、固有名詞化している。大館《おおだち》氏信の女《むすめ》である。大館は新田の一族だから、もともとは関東在住の一族であったろうが、なにかの縁で都へ上ったものであろう。

今参局は、富子が嫁ぐ前から義政のそばにいた。義政よりも年上で、義政の幼少のころから義政の身の回りを見ていたらしい。同じ大館一族からは、大館佐子《さんご》（大館持房女）が義政の妾となって、女子を出産している。安田元久編『鎌倉・室町人名事典』（新人物往来社、昭和六十年）には、今参局について、

大館満信、その子持房・持員などが将軍義教の側近に仕えていたためか、局は義政を襁褓のうちから視養し、義政が八歳で将軍職を継ぐと幕政にも介入、その権勢は義政生母の日野重子を超え、公卿大臣は競って彼女に賄賂を贈ったという。宝徳三年（一四五一）七月、尾張の守護代織田敏弘にかえて織田郷広を推したことから重子の嵯峨隠居騒動が起こり、義政はこれに屈して局を御所から追放、重子は局の洛中居住をも禁じようとしている。しかし間もなく殿中に復帰したようで、世人から烏丸資任・有馬持家と並べて「三魔」とよばれる権勢を振い、大乗

院の尋尊大僧正は「当室町殿ヲ守立申ハ此局ナリ」とも評している。

（福田豊彦執筆）

と記されている。「三魔」とは、『臥雲日件録《がうんにっけんろく》』に記されているもので、烏丸《からすま》資任・有《あり》馬《ま》持家・御今《おいま》（今参局）と、三者とも名前に「ま」が付くことから、そのように称されたわけである。

当時は、早く世継ぎをもうけることが大切なことだったから、義政には富子以外にも何人かの側室がいた。『足利系図』によると、享徳二年（一四五三）二月十七日に女子を生んだ一色左馬頭女、同三年七月十二日に女子を生んだ造宮使妹、同四年一月八日に女子を生んだ大館持房（常誉）女（これは、名を大館佐子といい、今参局とは別人）、長禄二年（一四五八）正月二十七日に女子を生んだ赤松刑部少輔妹などがいる。

ところで、今参局は、自ら義政の愛妾となると同時に、御所内での勢力を確実に増大させ、権力をほしいままにした。なにしろ義政の幼いころから世話をし、義政の性格・弱点など隅から隅まで知り尽くしていたことだろう。義政を時には甘やかし、時には強く出て言い分をきかせ、自在にあやつっていたに違いない。そして一方で、年下の富子に対してうわべだけは慇懃をよそおい、ことごとくないがしろにする。富子は、なにかにつけて、「また、御今にしてやられた」と、臍《ほぞ》を噛んでいたことだろう。

ところが、富子にとって、初めて今参局を打ちのめすことのできる、僥倖《ぎようこう》が起こった。長禄三年（一四五九）正月九日、富子に待望の男子（女子との説もある）が出生したのだ。待望の男子出生には、富子だけではなく、義政も重子も大喜びをした。しかし、この喜びは糠《ぬか》喜びとなった。富子の出産は安産ではなかったらしいが、「若君」が早世したのだ（『大乗院寺社雑事記』）。

天国から地獄へとは、このことだろう。義政はもとより富子の落胆は激しかったろう。もしも、この生まれ出てきた子供が、女子ではなくて「若君」であったならば、なにしろ足利家の世継ぎである。それが、あろうことか死んでしまったのだ。

それからすぐに奇妙な噂が流れた。若君の早世は、今参局の呪いによるものだというのだ。このことに関する確かな記録はないが、噂を流したのは、富子か重子周辺の者たちであろう。噂を聞いた義政も激怒した。所司代京極持清に命じて、今参局を琵琶湖の沖の島に流罪とした。しかし、富子や重子は、流罪では我慢がならなかったものであろう。富子らは義政に流罪ぐらいでは手緩いとの直訴をしたに違いない。それから十日後の正月十九日、今参局は、近江の甲良寺で切腹した。

右手で刀を持って腹をさし左手を添えて抉ったが、最後まで正気を失わぬ気丈さを見せたという。尋尊によると、この局の死罪は日野重子の申沙汰によるものであるし、翌月には「御今参同意の衆」といわれる大名の娘たちが御所から追放され、そこに義政の子を産んだ女性が多かった。したがって局の呪詛事件は事実ではなく、若い将軍義政をめぐって形成された、公家出身の生母重子—正妻富子派と、今参局を盟主とする武家出身の愛妾たちとの、殿中女官の党派争いであったとみられる。義政もこれに気づいたようで、局の所領は没収されずに一族の大館氏に給与され、また重子の病が重くなった寛正四年(一四六三)六月には、近江国寿千寺領に越中国三宮跡を局の追善料所として寄進しており、『大館持房行状』によると、局の霊は天王として御霊社に配祀したとも伝えられている。

(『鎌倉・室町人名事典』今参局の項・福田豊彦執筆)

京都相国寺の僧太極の『碧山日録』長禄三年正月十八日の項に、今参局を「大相公之嬖妾某氏」と記し、その気勢は「焰々」たるもので近付くことができず、その為すところは、まるで大臣の「執事者」の如くであった、と記す。「嬖妾」とは、お気に入りの妾の意味だ。世間の人の目には、今参局が義政からいたく気に入られているとの評判であったのだろう。しかし、『碧山日録』作者の筆は、「春公曰」と、「春公」が語り、「余」もそれに答える形にしているが、まことに痛烈である。「貪戾《どんれい》」で民を悩まし、「妬忌」するところが多かったとも記す。そうして富子に対して「殃《わざわい》」をなすところとなったというのだ。「殃」とは、富子所生の子供を呪った嫌疑であろう。同書には大夫持清に命じて「某氏」を「海外之隠島」へ流したと記し、さらに、その者が「家室之権」を司って歳月が流れたならば、その禍《わざわい》は天下に及ぶだろう、だから流罪は「天之所罰也」とも記されている。これは、今参局に対する、当時の知識人の感想である。

ともあれ、今参局とその一派を一掃したことにより、日野富子は名実ともに、義政御所の中心に座ることになった。

義視還俗

世間はとかく乱れていた。しかし、元老・智臣も口を閉ざして諫言《かんげん》する者はいなかった。そのとき、近江の国の住人で、熊谷左衛門尉某という、文武両道に優れた者がいた。当代の政道がまっとうでないことを嘆いて、一通の諫言状を認《したた》めて義政に差し出した。義政は怒った。

「この状で諫《いさ》めているところは、一つとして道理に適っていない。その職でもないのに、法を犯して諫言をするのは、大変な罪科だ」

と言って、ただちに熊谷を追放し、所領をことごとく没収してしまった。

こうしたことを人々は慨嘆したものの、世相は乱れ、諸人は公儀をうとみ、生活も次第に逼迫して行った。さすがに義政も、天下の政務を危ぶんだものか、諸事の仕置を面倒にも思い、弟の浄土寺義尋《ぎじん》僧正を還俗《げんぞく》させて跡継ぎとし、征夷大将軍の位や天下の政務を譲って、自分は隠居の身となり、ますます「御栄華御遊興」(『応仁広記』)の日を送ろうと考えた。寛正五年(一四六四)冬、義政は義尋へ使者を立て、このこ

とを相談した。だが、義尋は、

「ひとたび釈門の徒となったうえは、天下の政務に望みはない」

と断った。すると、義政は、もはや子供はできないと諦めていたものか、何度も、

「このたび還俗して家督を相続したならば、こののちにたとえ自分に男子が誕生しても、赤児のうちから僧としよう。征夷大将軍の家督は絶対に変わることがない」

と神に誓って誓約した。さすがに、義尋も、

「もはや疑うことはあるまい。このうえ強いて辞退するのは国のため、家のためによくはあるまい」

と言って承諾した。こうして、義尋は還俗し、名を義視《よしみ》と改め、三条今出川を御所とし、前管領細川右京大夫勝元が執事となった。

ところが、その後、義政は心変わりがしたものか、隠居の気持ちがなくなった。そのうえ、富子に若君が誕生した。義政はますます隠居の気持ちがなくなり、逆に今出川殿をなにかにつけてうとましく思うようになった。

富子に子供が生まれるまでには、義政との確執があった。『応仁広記』巻第一「御台所山名方御頼事」の条には、

抑此御台所は、公方家の御外戚裏松贈内大臣重政公の御娘姫君とて無ㇾ隠《かくれなき》美婦人なるが、大樹義政公の御台所と成せ給て御子無りし故なる歟、先年今出河（ママ）義視卿を大樹御家督に御定有り。此時公方家御歳三十、御台所は猶以て御歳も闌《たけ》させ給はぬに、如ㇾ此《かくのごとく》の御挙動を御台所御憤り御遺恨深く御述懐にて、室町の御所を出させ給ひ、姨母《をば》御前の禁中に仕へましましけるを一向に頼み入らせ給ひて、彼《かの》御局に内住《うちずみ》していつとも無くましましけるを、姨母御前月日を重て様々に拵へ申させ給ひ御教訓有ける故、漸く御心折れさせ給ひ、杳《はるか》に程経て後室町の御所へ還らせ給ひ、元の如くに渡らせ給ふ。無幾程《いくほどなく》して御懐胎にて若君出来させ給ひけり。

（原文のカタカナをひらがなに改めた。以下同）

と記す。つまり、義政が、今出川義視を家督と決めてから、富子は怒り、室町の御所を出て、内裏に仕えている姨母のもとに身を寄せていた、しかし、姨母の説得によって再び御所に帰り、それからまもなく若君が誕生したというのだ。

ところが、若君をめぐって好ましくない風評があった。無論、これは誤伝であったのだが、この若君は、義政の子供ではなく、富子が禁中にいるときに、主上が密かに通って儲けた子供だ、という噂である。富子は、室町の御所へ帰るとき、主上に記念として「蔦《つた》の細道」という硯《すずり》を献上したという「浮説」（『応仁広記』）も流れた。

応仁の乱と富子

当時の「浮説」はともかく、富子にとって、かけがえのない男子の誕生であった。当然、富子に野心が出てきた。なんとかして、今出川義視を退けて、わが子を義政の家督とし、天下を治めさせたいと考えた。そのためには強力な後盾《うしろだて》が必要だ。富子は、その後盾として山名宗全に目を付けた。

諸国の大名小名の中では、山名金吾が一家も繁盛し、諸大名には婿があまたいる。威勢も大変なものだと思い、山名を頼りとして、息子を世に立てたいと思った。そして、山名に密かに手紙を書いて送った。

彼の御生涯の様とも角も御進退を計ひ玉ひて給はるべし。我年卅の春に遇て、優《う》曇花《どんげ》の花待得たる心地して、適もうけたる若君を剃髪染衣の形にやつし参らせん事、歎しき物をもひの種と成、本意なくこそ候へ。穴賢《あなかしこ》、此事人に漏し玉ふな（下略）（続群書類従完成会本『応仁記』。句点は読点に改めた箇所がある）

手紙は、「あの（若君の）ご生涯のさま、ともかくご進退をお計らいになって下され。私は三十歳の春を迎えて優曇花《うどんげ》の花を待ち得た気持ちがして、たまたまもうけた若君を剃髪させ墨染め衣の姿にやつし参らすことは、歎かわしい物思いの種で、不本意でございます。決してこのことを人にお漏らしになるな」という意味だろう。

今度は、山名が考えた。「細川右京大夫勝元は、今出川殿の後見としてまるで親父のようである。また、権勢並ぶ人もなくあれこれと計らい沙汰している。今出川殿が公方《くぼう》の地位にいたならば、我らにとってはろくなことはあるまい。この勝元はわしの婿でありながら、わしの敵の赤松次郎法師を取り立てているのは無念なことである。だから、わしもその覚悟をしよう。今、御台所の仰せに従って若君を預かり申して、畠山義就《よしなり》を取り立て政長《まさなが》を追放したならば、さだめて勝元とは一味であるから、勝元は政長を贔屓して合力するだろう。そのとき、同罪として沈没させ、赤松以下一味の族を追却しよう。そうであるなら、こちらはたちまち力がつくだろう」

こうして、山名は富子に、

「ご内書の旨、かしこまって承りました」

と返事をした。これが、大乱のもととなった。

武衛家の家督争い

文正元年（一四六六）の夏四月、武衛の家督相続をめぐって、義敏《よしとし》（斯波持種の子。斯波義健養子）と義廉《よしかど》（足利の一族渋川義鏡の子）とが騒動を起こした。争いの原因は、長禄三年（一四五九）、武衛の義健の総領千代丸が落馬がもとで急逝したため、一族の大野持種の子の義敏を取り立てて右兵衛佐に任じて家督を継がせたことである。

ところが、義敏は家老たちと不和になった。甲斐・朝倉・織田の三家老は、伊勢守貞親を頼んで義敏が不適格であることを訴えた。貞親の妾は甲斐の妹である。内縁をよいことに、しきりに将軍に言上し、義敏は将軍義政から勘気を蒙った。その後は、武衛の一族の義廉を取り立てて斯波《しば》と号し、管領の座に置いた。その後、五、六年の歳月が経った。義敏は大内教弘を頼って西国を流浪していた。そのころ、伊勢守貞親に新造という最愛の妾がいた。新造は、義敏の妾と姉妹である。義敏は新造を頼り、また、息子の松王丸を鹿苑院の蔭涼軒《いんりょうけん》真蘂西堂《しんずいせいどう》の弟子として、この僧をも頼りとして、再度復帰したい旨を訴えた。

貞親は公方義政の童名の名付け親で「御父」、また、新造のことを「御母」と呼ばせていた。そういう遠慮のない間柄だから、貞親は「後日の殃をも不省《かえりみず》」（『応仁広記』）、真蘂西堂といっしょになって義敏の赦免を申し入れた。これが事実とすると、右・左と揺れ動く伊勢守貞親の姿勢が状況を悪くしている感がある。

そうした貞親の状態を心配した嫡子兵庫助貞宗は、「天下の乱根」（『応仁広記』）であるとしきりに諫めたけれど、貞親は納得せず、貞宗を勘当してしまった。義敏は公方から赦免され、寛正六年（一四六五）に上洛し、元のように斯波の家督を相続し、義廉を武衛家の棟梁と定めた。

しかし、文正元年（一四六六）の初夏、貞親らがしきりに言うものだから、公方は、義廉を罪もないのに、出仕を停止し、そのうえ「勘解由小路の住宅も義敏に渡すように」という命令の上使を頻繁に出した。義廉はそのころ、山名金吾入道宗全の娘と婚

約し、近日輿入れすることになっていた。家老の甲斐・二宮らは、このことを宗全に訴えた。宗全は激怒して、

「横逆なる御政道など用いるに足らず。たとえ上意でもよい、わしは義廉の館へ籠って上使を待って、一戦に及ぼう」

と言った。そして、分国の軍勢をうながし、合戦の準備をした。義廉は、尾州の守護代織田兵庫介、その弟の与十郎に軍兵を準備させて多勢を上洛させ、また、越前・遠江の軍勢を呼び上らせた。在京の甲斐・朝倉・由宇・二宮の被官たちの手勢は数え切れないほどであったという。義廉の住む勘解由小路の館には所々に櫓を上げ、掻盾《かいだて》を造って待ち構えていた。大名は用心のために諸国から軍兵を呼び寄せた。

都ではいつ戦いが起こるか分からず、緊張感がみなぎっていたことだろう。『応仁広記』には「建武以来都にてかゝる不思議の乱なし」と記されているが、この文章は、都人の驚愕ととまどいぶりをよく伝えている。そうしたこともあってか、宗全の被官たちが連署のうえ、宗全を諌めた。私憤で公儀に背くのは家の瑕《きず》だというのだ。しかし、宗全はそれを激しく拒否した。

こうして、宗全の思い通り、二、三十日後に義廉は赦免されて出仕した。蔭涼軒も

貞親も近江路へ下った。義敏は北国へ落ちて行った。公方から義絶され勝元のもとに身を寄せていた今出川義視は、公方から帰るようにとの告文があり、勝元に守護されて館へ帰った。

畠山義就の上洛

畠山義就という人物がいた。父の管領持国は最初子どもがいなかったので、甥の政長を養子とした。だが、のちに義就(妾腹)が誕生して家督を継がせようとしたことから、畠山は二つに分裂した。細川・山名は政長を支援し、持国らは都落ちをした。その後、義就は義政の命令で政長と和睦したものの、再び義就は義政に追放され、家督は政長が継いだ。義就は、河内の若江城を拠点として政長・山名・細川らと戦うが苦戦・敗戦を重ねていた。

山名は、戦いを通して、敵ながら義就の無類の働きに好感を持った。「自分が義就と手を結んだならば、当面の敵は政長一人だけだ。もっとも勝元は政長を贔屓にしているから、もしも政長と勝元が仲間となったならば、そのときは勝元をも同罪として沈没させてしまおう」と思案して、姉の禅尼安清院を何度も富子のもとへ行かせて、「畠山義就が牢籠していることは、なんという不忠でありますか。（義就は）退いて身を山林に隠し、晴れてのご赦免を待っているのです。ともあれ御許しをいただいて、速やかに召されたならば、若君の遠い御守護となるはず」と訴えさせた。

義就は、河内に侵入して若江の城を落とし、家臣国助の子を元服させ、遊佐河内守と号して若江の城に置いた。そこに、富子がしきりに公方に訴えたからか、義就は赦免されることになり、上洛した。

応仁元年正月元日、公方家の祝儀の酒宴は、先例通り当管領の畠山政長が取り仕切った。翌二日は公方が昔から管領の館へ来ることになっていたのだが、山名の「讒言」があったものか、公方の「御成」は中止となり、しかも、政長の出仕も停止された。義就は喜び、政長の住む館はもともと自分のものだったのだから、政長を追い出してそこへ移ろうと考えた。しかし、政長は名将であり、しかも勝元が味方をしているから、義就も恐れてすぐには実行できなかった。

山名金吾は、花の御所へ押し掛け、

「そもそも、畠山義就が御赦免をこうむり、（都に）まかり上って来て、万里小路《までのこうじ》の館へ移ったところに、細川勝元が政長を許容致し、協力せずに違乱に及び、また上意に背いたことは、反逆の根本はこれ以上のものはない。上使を立てられ、その子細を尋ねて、政長に合力することを止めさせ、世上の騒ぎを鎮められるのがよろしいでしょう」

と言上した。公方は了承して上使を立てたけれど、勝元は承服しなかった。こうして時が経った。花の御所では「細川方が攻め寄せてくる」ということで、日夜、勤番の者が用心していた。一方、細川方では「御所から討手が馳せ向かう」といって手配りをしていた。

ところで、山名方に属する面々は、山名の嫡子弾正少弼政豊・同兵部大輔政清・同相模守教之・摂津守永椿・同五郎左馬助豊光・五郎宗幸・宮田民部少輔教実・宮内少輔豊之・上総七郎政之・吉良左京大夫義勝・斯波左兵衛佐義廉・畠山右衛門佐義就・同左衛門佐義統・同宮内大輔教国・同左馬助政栄・右馬頭政純・同中務少輔政光・同播磨守教光・一色左京大夫義直・同兵部少輔義遠・同五郎政氏・同左馬助政兼・同治部少輔政熙・同民部少輔・吉原蔵人親信・同下山刑部大輔実益・同民部少輔教長・仁

木右馬助教将・土岐美濃守成頼・赤松伊豆守の子息千代寿丸・佐々木六角亀寿丸・同山内宮内少輔政綱・富樫幸千代丸・同又二郎家延などをはじめとして一味の大名三十余人であった。

一方、細川勝元方の人々は、吉良右兵衛佐義真・同上総介義富・赤松次郎政則・同貞祐・同道祖松丸・山名弾正是豊（宗全の弟。養父が足利義教のお供をして討たれたのち、勝元の計らいで跡目を相続できたので、その恩義によって山名家を離れて勝元に属した）・佐々木京極入道正観・同中務少輔勝秀・同京極四郎政信・武田大膳大夫信賢・同治部少輔国信・富樫鶴童丸、細川の一族では讃岐守成之・兵部大輔勝久・右馬頭入道道賢・中務少輔政国・民部少輔教春・淡路守成春・阿波守勝信・刑部少輔勝吉・仁木兵部少輔成長・同土橋四郎政永らである。

細川方の屋形では、勝元の猶子六郎冠者勝之を大将として庭には一門・他家並びに馬回りの者五、六千人がいた。西大路を安富民部元綱が三千人、安楽光院を内藤備前守貞正が三千人ばかりで堅めていた。その他、四国・摂津の軍勢が犬の馬場から下小川のあたりまで満ち満ちていた。もののしい軍備のさまを、『応仁広記』作者は、「あはれ、洛中の大乱と見えし」と、その感想を記している。

山名入道は御所を守護していたが、公方の殿中で、

「政長・勝元を共に退治しなければ、天下は平穏になるまい」

としきりに告げたけれど、公方は納得しなかった。義就は公方の了解を得られないので、自分の手勢だけで手配をした。しかし、誉田《こんだ》・甲斐・朝倉・垣屋・大田垣らが組したので、公方は、

「諸家がこのように互いに味方をしたら、天下の騒乱となる。両畠山だけで勝負を決せよ」

と命じた。細川勝元は初めは公方の命令に服従しなかったが、ついに納得した。

御霊の戦い

こうして義就と政長の戦いとなった。政長は神保宗右衛門長誠の進言で、要害のない屋形を捨てて上御霊に退いた。正月十八日、義就の軍勢は御霊の社に押し寄せたが、義就の兵は多数射殺され、義就方の遊佐の手勢も負傷者六百人となった。

勝元は天皇・上皇・公方・今出川殿が敵方にいる以上は、政長に味方しても朝敵と

なる。いずれ敵の油断を見て、公方家を取って、山名や義就追討の教書を貰い受けて敵を討とうと考えた。勝元は政長からの援助要請には返事をせずに鏑矢《かぶらや》を一筋手渡した。これは、あくまでも味方となるという意味であった。政長はこの鏑矢を見て、勝元の真意を悟り、討死にした敵・味方の死骸を集めて、御霊の拝殿に火をつけ、煙にまぎれて相国寺の藪をくぐって落ち延びた。

『応仁広記』は、細川勝元側を好意的に書き、山名宗全側を非好意的に書いている。たとえば、「勝元君臣の道たがはざる人也」・「政長小勢ながら思切たる勇士等なれば」・「勝元は（中略）案深き大将なれば」・「政長さすがに名将なれば」・「勝元忠臣也、恥辱に替て公儀を守れり」と、勝元・政長を讃美する言葉が頻出しているのに対し、宗全・義就に対しては御霊の戦いがおさまってのち、「洛中の無為に乗じ、さらでだに奢を極めし人々なれば、明暮酒宴、遊興、田楽、猿楽を翫《もてあそ》び、世を世ともせず、人もなげに我意に任せて過ぎ行ける」と批判的である。同様なことは、『応仁乱消息』でも、山名宗全入道は「悪逆謀叛反逆」の「凶徒」と「計略」を巡らし、軍勢を率いて天下を覆そうとした、と伝えている。どうも、応仁の乱は、山名宗全を悪とする傾向がある。

悪政

足利義政が将軍として君臨し、その妻富子が天下を睥睨《へいげい》していたときは、極端なまでに人々の生活が逼迫した。義政・富子の時代は、ちょうど鴨長明が『方丈記』の中で書いている飢饉のときの惨状、圧政に苦しんだ農民が一揆を起こした島原の乱を連想する。長明が生きた時代――養和のころ（一一八一～八二）、大飢饉となり、そのうえ伝染病まで加わって、大悲劇が起こった。長明は、

築地のつら、道のほとりに、飢ゑ死ぬるもののたぐひ、数も不知《しらず》。取り捨つるわざも知らねば、くさき香世界に満ち満ちて、変りゆくかたちありさま、目もあてられぬこと多かり。

と記す。「取り捨つるわざ」とは、埋葬することだ。それができずに死体が転がっている。どれくらいの人が餓死・病死したかと、四、五両月を調べてみたら、京都の町

中だけで四万二千三百余りの人が死んだという。そのとき、朝廷が行ったのは「さまざまな御祈り」と「なべてならぬ法」（特別な祈禱）であり、それは全く効果がなかった。島原の乱のときは、寛永十一年（一六三四）ころから、凶作が続き、農民は窮乏の一途をたどった。そうしたなか、島原藩主松倉勝家は、年貢の取り立てを厳しくし、未納の者には拷問を行ったりした。こうして、天草・島原の乱が起こった。

足利義政の時代は、養和のころよりも、もっと悲惨であったかもしれない。

寛正二年（一四六一）二月晦日、相国寺の僧太極は、『碧山日録』に「この日、用事があって京に出た。四条坊の橋の上から上流を見ると、無数の屍が塊石の如く流れ、流水をさえぎり、その臭気は堪え難いものであった」と記す。さらに、太極は、「正月より、この月まで、洛中の死者は八万二千人で、それは、城北のある僧が小片木で八万四千本の卒塔婆を造って、死体の上に置いていったところ、二千本が余ったからだ」とも伝えている。まさに死屍累々たる状態であった。

京都の七口《しちこう》に関所を設けて関税をとるようになったのは、二年前の長禄三年（一四五九）であった。七口とは、粟田口・白川口・小原口・西七条口・東寺口・伏見口・鳥羽口で、これは、東海道・東山道・北陸道・山陰道・山陽道・南海道・西海道の諸口を固めたものであった。七口の関所設定は、伊勢神宮の造営が名目であったが、無論、幕府の財政を潤すためであった。

応仁の大乱

応仁元年三月三日の祝節に、花の御所で儀式が行われ、山名宗全をはじめとしてその子相模守教之・同因幡守護勝豊・同美作大夫政清・斯波左兵衛督義廉・畠山右衛門佐義就・同能登守護義統・佐々木六角四郎高頼らが出席した。衣装はもとより輿・馬・従者にいたるまで華美を極め、花の御所での挨拶が終わってただちに今出川殿のもとへ向かったというが、その間二町ばかり、およそ三千人の行列の華やかさはあたりを払い、その壮観さは人の目を驚かしたという。例の如く、『応仁広記』は皮肉たっぷりに「其費《つい》夥《え》し」と記す。

対する細川方・京極方の者たちは出仕を止め、日夜、軍議をしていた。やがて畠山政長も勝元方へ馳せ来て、遊佐・神保も粉川寺から馳せ集まった。五月十日、勝元の方人赤松次郎法師政則が播州の浪人たちを率いて、播磨・備前へ乱入して国を手中にし、京都へ上った。尾州・遠州へは斯波義敏の浪人たちが乱入した。若州へは武田大膳大夫信賢が下向して一色衆を追い出した。京都に続々と軍勢が集まってきた。東陣は勝元の手勢六万人をはじめとして合計十六万一千五百余人であった。山名方も合戦の準備をしたが、西陣は、山名宗全の軍勢三万余人をはじめとして合計十一万六千余人ということであった。

当然、今出川義視も公方も驚愕し、今出川は宗全・勝元両陣へ行ってなだめ、公方は山名でも細川でも先にしかけた者は敵であり、両家和睦するようにとの命令を厳しく出した。そこで、両軍はしばしのあいだ兵を起こさなかった。

五月二十六日、ついに戦いが始まった。

廿六日寅の刻より軍始り、二十七日酉の終りまで片時も不休不戦屈し、大息続《つい》でよろめいたり。細川兵部大輔教祐、淡路守成春、刑部少輔勝吉の館、仏心寺、窪の寺、大舎人等まで不残《のこらず》焼け失せ、両陣互に軍をやめ颯《さつ》と引て見渡しければ、西陣は千本、北野、西の京まで、又東陣は犬の馬場西蔵口、下は小川一条迄、両方手負死人等にて尺地も不明充満《みちみち》たり。(中略)然る所に同六月八日午《うま》の刻ばかり、中の御門猪熊一色五郎政氏の館に乱妨人火を懸く。又近衛の町の吉田の神主の宅を物取どもが火を放つて、同時に火の燃上る事九ケ所、折節南風烈く吹て、下は二条、上は御霊の辻、西は大舎人、東は室町を境ひ百町余り、公家武家の宅三万余宇悉《ことごとく》焼失て、皆灰燼と成果ければ、今は洛中に焼残る家寡《すくな》うて偏に野原の如く也。

（『応仁広記』）

丸一日以上休むことなく戦いは続いた。革堂《こうどう》・雲の寺・赤松伊豆守貞村の宿所・山名宗全の館などが焼けてしまった。この戦いで、右の『応仁広記』が伝えるように、京の都の公家・武家の家が三万余も焼け失せてしまい、まるで「野原」と化してしまったわけだ。

そして、山名方に味方する軍勢が次々と諸国から馳せ上ってきた。三宝院での戦いでは近衛・鷹司・浄花院・日野・花山院・広橋・西園寺・転法輪など公家の御所三十カ所が焼け、武家では吉良・大館・飯尾肥前守など奉行衆の舎宅八十カ所が焼失した。岩倉の戦いのさなかに、盗賊が南禅寺に火をかけ、青蓮院・元応寺が焼け失せた。そしてまた、『応仁記』は「山名方の悪党が洛中へ乱入して放火した。物取りが入り乱れて洛中を往来し、敵も味方も小勢では道を通る者もいなかった」と伝えている。物騒で、人心が定まらない京の都の様子がうかがえる。まさに応仁の乱は、「仏法・王法ともに破滅し、諸宗はすべて絶え果ててしまった」(『応仁記』)というありさまであった。

将軍だ、将軍の御台所だからといっても、義政や富子が大乱とまったく無関係というわけではなかった。応仁元年六月一日、幕府は足利義視を大将として山名持豊を討たせようとした。そのとき、細川勝元は旗と治罰の綸旨を要求した。幕府は旗を出そうとした。ところが、「御台」(富子)と「内府」(勝光)らが山名の相談もあってこれを阻止しようとした。それで、勝元は怒ったのであろう。内府邸を焼き払おうとしている噂が流れた(『後法興院政富記』・『大乗院寺社雑事記』)。勝光は勝元の攻撃に備えて堀を掘ったという(『大乗院寺社雑事記』)。『大乗院寺社雑事記』は、二日、義政・義視・義尚が室町の第にいたが、こうした争いが「御迷惑之風情」であったと伝えている。勝光は、室町の御所に入り、そこから出ようとはしなかった。無論、細川を恐れてのことだが、義政のいる御所が一番安全と考えてのことであろう。このあと、勝光は逃亡したという噂も流れた。

ともあれ、応仁の乱は、富子所生の義尚と義政の弟義視の将軍継嗣問題、斯波・畠山家の継嗣問題などがきっかけとなり、そこに山名・細川の勢力争いがからんで、十一年間の長きにわたって京都を中心に戦いが展開した。その結果、京都の町は荒廃し、幕府の権威は地に墜ち、やがて戦国大名が割拠する時代へと入って行く。

高師直を誅殺した足利尊氏

金閣寺は足利義満、銀閣寺は足利義政の別荘の跡である。金閣寺は北山文化、銀閣寺は東山文化の象徴ともいえ、室町時代の絢爛豪華の極致を今日に伝えている（但し、金閣寺は昭和二十五年に焼失し、後に再建）。

金閣寺と銀閣寺は、どうしても比較・並称される。だから、義満と義政両者がなにかにつけて比較されるのは仕方がないのだが、このあたりのことについて、中村直勝は、「義政の心のどこかに、義満ではなくして、もう一つ先の、尊氏が住んでおった」（東山殿義政私伝、河原書店、昭和四十五年）と述べている。

足利家にとって、むろん、初代の尊氏は偉大な祖であったろう。その尊氏も、人生の後半において弟の直義と死闘を演じなければならなかった。さらにまた、尊氏にとって片腕あるいは共に闘ってきた高師直を自らの手で誅伐するということも行っていたようである。

以下、応仁の乱時代よりも時間が遡行する。観応二年（一三五一）、足利尊氏は、直義との闘いに連敗し、一時期は死も覚悟したが、幸い直義と和睦できるようになった。尊氏の執事高師直とその弟の師泰は、命惜しさから出家することにした。二月二十六日、尊氏は上洛の途についた。師直・師泰兄弟も時宗の念仏僧の中に混じって歩いて行く。尊氏と離れては途中でどのようなことになるか分からないと思い、師直兄弟も歩みを早める。しかし、上杉・畠山の兵たちがあらかじめ打ち合わせていたことだから、尊氏と師直とのあいだを隔てようと馬で割って入り、武庫川を過ぎるころには、尊氏と師直とのあいだは五十町ほどになってしまったという。そして、ついに師直は三浦八郎左衛門に、師泰は吉江小四郎主従に斬殺されてしまった（『太平記』）。

『兵庫県史　史料編中世二』に収録されている「広峯文書」に、

師直・師泰誅伐事、相催一族、不日可令馳参之状如件、

観応二年正月廿日　　将軍源義詮

という文書がある。これは、足利義詮《よしあきら》が「広峯兵部大輔」に「高師直・師泰を誅伐せよ」との命令を出したものだ。正月二十日といえば、光明寺の戦い（二月四日）の十四日前のことである。義詮の考えは、尊氏の考えと同じであると見てさしつかえないだろう。この段階で、尊氏・義詮父子にとって師直兄弟はもはや無用の人物になっていたのである。

さらに、広田文雄蔵の古文書に、

師直師泰誅伐事
早馳参居致軍計
仍可満連如件
観応二年正月十四日　　散位
　　　　　　　　　　　判
広田弥三郎殿

広田文雄は、右記文書の宛名人「広田弥三郎」の子孫である。原文は散佚したけれど、その写しが伝えられてきたものという。右記文書は以前、広田文雄氏に見せていただいたものである。この文書（命令書）は、観応二年（一三五一）正月十四日、「広田弥三郎」という武将に、「師直・師泰を誅伐するために、早く馳せ参って軍計を取り行うべく軍勢をもって参加せよ」という内容のものである。

「観応」とは北朝方、将軍でいえば尊氏が擁護する天皇側の年号である。師直は尊氏の執事であるから、この指令書はまことに不思議なことだが、尊氏側の誰かが出したものということになる。さて、「散位」とは、誰か。結論を先にいえば、当時、「前大納言正二位」の「源尊氏」（足利尊氏）のことであろう。前掲広峯文書の「源義詮」の指令書との関連から見ても、足利尊氏と見るのが妥当であろう。

さらに、広田文雄氏の御教示によると、広田家には今は石上神宮に奉納されている足利尊氏から拝領した鎧・兜があったといい、これは、師直兄弟誅伐に対する褒美として尊氏から与えられたものであったろう。

右記したところが事実であるとすると、『太平記』に記されているところとは違い、高師直・師泰兄弟を誅伐するようにと指令したのは、足利尊氏・義詮父子であった。足利幕府は、こうした凄惨な戦いを土台として成立したのである。

足利義政と日野富子

応仁の乱の時の将軍で日野富子の夫義政は、将軍とは名ばかり、生まれついての貴族であり、もはや足利尊氏・義詮のように率先して戦いに挑む人物ではなかった。平和を第一とし、ひたすら遊興の日々を送る。義政にとって、山名でも細川でもよかったことだろう。強く、自分を庇護してくれる武将が正義であったろう。相国寺での合戦のおり、寺家の余烟が八方から花の御所へ襲いかかった。御台所の富子や局・上臈女房たちが驚いて、ひとまず鞍馬・貴船・北丹波あたりへ逃げようとあわてふためいたが、義政は「少しも御驚きなく、常の御気色にて御酒宴等も有しと也」(『応仁広記』)という状態であった。つまり、燃え広がる炎にあわてる様子もなく、表情も変えず、酒宴も行ったというのだ。そういうふうに育てられたといえば、そうも言えよう。しかし、この無表情、右でも左でもよい、時の強者が自分を守ってくれるという、したたかな姿勢が応仁の大乱を生き抜かせた大きな理由であろう。

唐木順三は、「慈照院義政」（『応仁四話』、筑摩書房、昭和四十一年）で、

そもそも権力といふものの正体はいつたいなんであらう。私は幸か不幸か足利直系の家に生れ、そして将軍になつた。好んでその職についたのではない。八歳の幼童に重大な決定に当つての自己の判断などはありえない。私は他動的に将軍の職につかせられ、他動的に官位が上り、御座所に坐ることになつた。衣冠の貴人また帯刀の武人、百官百僚が私の前に平伏した。諸国の珍物、名物の贈与を受け、進上物を受取つた。進上物には金銭もあるが太刀や馬が多い。私は征夷大将軍であることに気づく。征夷大将軍でありながら直接の将兵を持たぬ。将軍のもとに管領があり、管領のもとに政所、問注所、侍所、評定衆の四職がある。鎌倉には一族の関東管領がゐる。九州地方には探題がゐて、諸国には守護がゐる。それが室町幕府の組織である。ところで、関東の管領も諸国の守護も、各々手兵をもつて勢力を張り、上裁も下知も聞かぬ。細川、畠山、斯波、山名、赤松、一色、京極、それに土岐、六角、今川、みな幕府の要職にあると同時に地方を領有する

強力な守護である。実勢力は彼等の手にあるといつてよい。大将軍でありながら指揮すべき兵力は無いといふ不可思議が通用してゐる。これはあくまで不可思議である。不可思議ながら、守護たちは私の前に出れば平伏する。私は力を持たぬが権威をもつてゐるといふことになる。ところでその権威は日野一族、即ち母の重子、妻の富子、妻の兄の勝光、それに伊勢貞親、さういふ連中によつて利用されてゐる。比喩をとつていへば、これは第二の宮廷である。私は三十歳足らずで准后といふ名を貰つたが、実をいへばこの名がいちばん合つてゐるやうに思ふ。

（注・引用文の漢字は新漢字に統一した）

と、義政の語り口調で記されているところは、義政の立場を的確に表現しているといえる。

さて、義政が、義尚に政治をまかせて隠遁した。

東山慈照寺の院内に東求堂を造らしめ此所に御閑居有ければ、時の人々おしなべて東山殿とぞ申しける。抑《そもそも》此東山殿は御若冠《(ママ)》の御時より天性遊興美麗の事を好ませ給ひ、芸能数奇の御嗜《たしなみ》世に超えさせ給ひければ、万《よろ》づに結構を尽させ給ふが、御隠居の後と云へ共、累代の奇物和漢の名器を集め給て、茶の湯の会を催され、世事雑用を遁れましまして、只老楽の御たのしみにて月日を造らせ給けり。

（『応仁後記』）

東山殿（義政）は華美を好み、芸能・数奇の世界に身を置いて、天下の名器を集めたというのだが、義政という人は、政治家としては失格だが、文化の方面では東山文化という優れたものを残したといえる。芳賀幸四郎が『東山文化』（塙書房、昭和三十七年）で、

義政は政治向きのことではたしかにロボットであり、よろめきの連続であり、無責任な傍観者にすぎなかった。しかし、このように趣味・芸術、一般に文化の領域では、全く別人のように自主的な指導者であり、かつ卓抜したプロデューサーであった。もちろん東山文化の形成に、一条兼良らの公家や細川成之らの守護大名、瑞渓周鳳らの五山禅僧と新興の富裕な町衆、また宗祇・牡丹花肖柏らの隠

者の一群が参与していることは、否定できない。それは動かしがたい事実である。しかし、東山殿義政の風流閑雅の生活が、当代文化の形成に強い刺激を与え、彼の指導力が当代文化の性格の決定に大きな作用をしていることも、否定しがたいところである。

と述べているのは、義政の文化史の上で果たした役割を適格に指摘している。

日野富子に対して、『応仁記』の作者は、手厳しい表現をしている。応仁元年に天下が大いに乱れたのは義政が政治を管領に任せず、御台所（富子）あるいは香寿院、春日局などという「理非」を弁えず、公事政道をも知らない青女房・比丘尼達の計いとして、「酒宴・婬楽」の紛れに行われていたと記す。

永原慶二は、中公文庫『日本の歴史10　下剋上の時代』（昭和四十九年）の中で、富子の性格が形成された背景について、

彼女の生家日野家は、南北朝時代に一族から三宝院賢俊《けんしゅん》という傑物を出し、賢俊が尊氏の政治上のブレーンになると同時に、醍醐寺座主・東寺長者・法務大僧正

などの地位について聖俗両界に権勢をふるったことから、格式を高め、義満夫人康子をはじめそれ以後代々の将軍夫人はこの家から出すならわしとなった。そういうことで富子の兄日野勝光《かつみつ》も、義政時代の幕政を裏面からあやつる黒幕的存在となり、「なにごとも現金をもって頼みにこないようなものにはいっさい口をきいてやらない」などと放言してはばからなかった。そして富子もまたこの兄と瓜二つの性質だったようである。

と記す。また、大乗院尋尊《じんそん》の日記を引いて、

大乱末期の文明九年（一四七七）七月、尋尊はつぎのように記している。「今日は連歌師の宗祇が（奈良に）下向してやってきた。義政夫妻や主上の歌会が行なわれ、その点判《てんぱん》（批評）の言葉を奈良の成就院《じょうじゅいん》に疎開している一条兼良《かねら》に求めるためである。この大乱の最中というのにまったくあきれたことだ。総じて京都では何ごとも無道のことばかりで、将軍家のご運もいよいよ末のことだ。公武上下、日夜大酒ばかりである。（中略）御台所《みだいどころ》富子は天下を牛耳っており、巨

万の富をその手もとに集めている。戦費に困っている両軍の大名たちは致し方なく高利をはらってこの金を借りている。そのため天下の金はことごとく御台所がにぎってしまった観がある。そして近ごろは米倉のことを仰せだされた。米を買いためて投機をやろうというのだ。畠山義就も先日御台所から一千貫文を借用した」

いうまでもなく畠山義就は西軍の主将である。富子はかつて山名宗全をたよっていたとはいえ、いまは東軍にたよりながら義尚を将軍にすることに成功した立場にある。だから義就への貸付けは敵方に資金を供与するという意味をもつ。それをあえてするのはいわば「死の商人」の振舞いというべきだろう。

と富子の無節操ともいうべき利殖の方法を批判的に記している。

長禄三年（一四五九）八月に、幕府は京都の七口《しちこう》に新関を置いて、関銭を取った。これは、大神宮の造営や禁裡の修理に当てるものであったが、富子はこれを私物化した。これはやがて文明十二年（一四八〇）十月に一揆の勢が七口の関を打ち破るという行動へとつながって行く。

富子は文明十一年（一四七九）の秋に、伊勢大神宮に参詣した。これは天下の兵乱を鎮めたいとの願望からであったという。当時、飛鳥井雅庸入道二楽軒が洛陽の乱を逃れて江州甲賀郡柏木の里に隠居していた。富子はその山荘へ手紙を送って、近くに旅宿した。二楽軒が、

世を祈る君が心のまことにぞ内外《うちと》の神も恵《めぐみ》そふらん

と贈ると、富子は、

世を祈る心を神の受けぬとも此言《この》の葉にさらにこそ知れ

と返した。『応仁後記』に伝えられている富子の歌である。「此言の葉」とは二楽軒の歌を指したもので、兵乱を鎮めるようにと神への願いが表わされている歌だが、さほど上手な歌とは言い難い。

話は前後するが、富子は子供の義尚《よしひさ》には盲目的な愛情を抱いていた。義尚の将軍職就任をめぐって、山名宗全に頼ったことが応仁の乱の一原因となったことは前述した。その義尚は、所領問題に端を発し、近江の六角高頼を攻撃するため鈎《まがり》の陣にいたのだが、長享三年（一四八九）二月の初めころから、体調が普通ではなくなった。とりたてて重病というほどでもなく、三月三日には曲水の宴の題で人々から歌を集めて見た

りしていた。しかし、十日ころから病状が悪化した。祈禱も始まり、諸社に神馬などを奉ることもした。医師も京都から集まった。義政のもとにも急使を頻繁に出したので、義政も驚き、十八日には富子が駆け付けた。富子が昼夜、心に入れて心配しているからか、あるいは祈禱のおかげか、二十日の宵のほどは少しお粥なども食べた。ところが、二十五日病状が急変し、加持祈禱の効果もなく、二十六日に薨逝した。

義尚の顔は、病床に臥していた期間はそれなりにあったものの、二十四日には歯を黒く染めたりしていたから、口は黒々として目は細やかで、面痩せをして色白で不断よりもむしろ美しく見えたという。義尚の遺骸のそばには「上様《かみさま》をはじめ奉り、女中みな取り付き参らせ給ひて、泣き悲しみ給ふ御有様言の葉もなし」(将軍義尚公薨逝記)という状態であった。ここの「上様」とは、富子のことと思われる。最愛のわが子を失って悲しみの涙にくれている富子の姿が思い浮かぶ。義尚の遺体は、京都に運ばれたが、『将軍義尚公薨逝記』に「一条を西へなし奉るに、室町とかや、大路のほどに御先にまし〳〵ける上様の御輿、女中衆、皆立て並べ給ひて」とあるから、母富子の輿は義尚の遺体を乗せた輿の前を悲しみの涙を流しながら歩んでいたものであろう。

義尚逝去について、『応仁後記』巻之上は、次のように記している。

御父君東山殿御母公大方殿の御嘆きはたとへて謂ん方も無く、抑《そもそも》此君は御年いまだ二十五歳、器量才芸皆以《もつて》世に超え給ひ、殊更天下の武将として御行迹いみじきが、世を去らせ給ふ事偏《ひとへ》に当時天下の兵乱つひに治るまじくして、扶桑一州は長く戦国たるべき歟と、貴賤上下おしなべて一方ならず泣悲む。

義尚の死後、富子は義視の嫡男義材《よしき》（後の義稙《よしたね》）を立てることにした。義材は富子の妹の子、つまり甥にあたる。しかし、これには細川政元が反対した。父の勝元は、かつて応仁の乱のときに、義視と戦っているからだ。政元は、義視同様、義政の弟で堀越公方と呼ばれた政知の子で、天龍寺にいた清晃を将軍に立てようとした。しかし、やがて、富子の推す義材が将軍職に就くことになる。

そして、延徳二年（一四九〇）正月七日、足利義政は、五十五年の生涯を終えた。義政が死ぬと、義視が政治の前面に出てきた。富子は不安な日々を送ることになった。だが、奇妙な符合であるが、翌延徳三年の正月七日、義視は急死する。義材にとって父を失ったことは、大きな打撃であった。それをなにかにつけて補佐したのが、細川政元の宿敵畠山政長であった。

富子は、今は清晃の擁立を考えていた。細川政元になにかと相談するようになっていた。

明応二年（一四九三）四月二十二日、細川政元が挙兵して、畠山尚順、葉室教忠の邸、三宝院、通玄寺、慈受院、妙法院を焼き払い、慈照院主周嘉を殺害した。同二十八日、清晃が還俗して政元の邸に移り、義遐《よしとお》（のちの義澄）と名乗った。閏四月十日、富子は義遐の邸に赴いている。閏四月二十五日、畠山政長も戦いに敗れて自害した。五月二日、捕らえられた義材は龍安寺に幽閉され、ついで上原元秀の邸に移された。だが、義材を殺さぬ政元に業を煮やしたものか、富子は義材の毒殺をもくろんだ（『大乗院寺社雑事記』）。結果は失敗に終わって、義材は一命をとりとめ、讃岐小豆島に流されることになったが脱走した。無論、この脱走は、政元が逃走させたものであろう。

ともあれ、義澄は明応三年十一月二十四日、将軍職に就いた。だが、それから一年半後の明応五年（一四九六）五月二十日、日野富子は、五十七年の生涯を閉じた。

海音寺潮五郎は『悪人列伝3』（文春文庫、昭和五十一年）で、富子について、

　富子が最も才気ある女性であったことは異論のないところであろう。しかし、ある点から見れば、一番大事なところの欠けている才女であったということが出来よう。子供にたいする溺愛に駆られて大乱の最も大きな原因をつくったこと、おのれのつくった戦乱のために人々の困窮しているのを、反省の色もなく、ひたすらな物欲にかられて、高利貸や米の買いしめをして、人々を一層苦しめるようなことをしていること、夫と張り合って権勢をもとめて血まなこになっていること、とうてい人の感情をそなえているとは思われないほどである。人間として、最もかんじんなものに欠けていると断ぜざるを得ない。

しかしながら、当時の時勢を考えれば、これは彼女だけのことではないとも言える。「天下は破れば破れよ、国はほろびばほろびよ、人はともあれ、われのみは栄えん」というのが、当時の人の心であったと、応仁記と応仁広記の筆者は書いているのである。彼女はその一人であったというにすぎないのであろう。

と述べている。日野富子の人となりを正確についた言葉である。また、風巻絃一は、『炎の女　日野富子の生涯』(三笠書房、平成五年九月)で、義政を支え、虚弱な義尚を鍛え、その一方で、海千山千の権謀術数に長《た》けたしたたかな男たちを向こうにまわして、堂々と勝を制した富子を「悪女」のひと言で片付けるならば、「じつに「栄光」ある「悪女」」だと断じている。これも、一つの日野富子解釈である。

日野富子は、誰一人として信じることができぬ世の中に、見事なまでに自我を貫き通した女性である。足利義政は、結果からみると、奢侈を極め、人民の窮乏を顧みなかった将軍ということになろう。だが、あの乱世では、あのようにしか生きられなかったのかも知れない。自分になぜ武士たちが頭を下げるのか、貴族たちはなぜ自分に群がるのか、「将軍」とはまことに不思議な存在で、唐木順三の言葉を借りれば、権力とはまことに「不可思議」ということになろう。

武士たちは権力争いに明け暮れ、貴族たちは己の収益のみを考えている。義政は、武士の棟梁であると同時にまた貴族の世界に生きなければならなかった人である。武士たちが死闘を演じている一方で、たえず義政は舞楽の席に身を置いている。多分、義政はそれをまったく奇妙とは思わなかったことだろう。極論すれば、この奇妙さの中から生まれ出てきたのが、東山文化であった。

――ともあれ、今、東山文化を築いた足利義政は京都の相国寺に眠り、乱世をしたたかに生きた日野富子は、上京区天神筋の華開院にひっそりと眠っている。

文庫版あとがき

戦記の著者（編者）は必ずしも文章を仕事をする人とは限らない。それは宮本武蔵の『五輪書』などが一例となると思うのだが、頭の中では把握しているのであろうが、時に表現が感覚的・抽象的になり、読む側としては解読しにくい箇所に出会うことがある。

私は伝説・伝説地に関心を抱いている。京都の一条戻橋《いちじょうもどりばし》は、いくつかの伝説が伝えられている。この橋の上で、浄蔵《じょうぞう》法師が死んだ父（三善清行）に観法《かんぽう》（密教の加持であろう）を行ったところ、蘇生したので戻橋という名が付いたといい、他に渡辺綱《わたなべのつな》（大江山の酒呑童子を退治した源頼光の四天王のひとり）が鬼女に襲われた、陰陽師安倍晴明がこの橋の下に式神を隠しておいたという話もある。これらは平安時代の話である。

時代が下ると、一条戻橋あたりは応仁の乱の激戦地となった。一条戻橋と山名宗全の西陣は近い。応仁の乱のとき、戻橋や近くの百々橋《どど》あたりでは激しい戦いで多くの人が命を失っている。後には、千利久の木像がここではりつけにされるという事件も起こる。戻橋は決して楽しい場所ではないのだが、伝説地という観点から心が強く惹きつけられる。

室町時代、八代将軍足利義政のとき、将軍後継問題や大名の勢力争いがからみ、応仁の乱が起こった。東陣細川勝元、西陣山名宗全が対立し、激しい闘いを繰り返し、美しい京の都は焦土と化した。

汝ヤシル都ハ野辺ノ夕雲雀《ひばり》アガルヲ見テモ落ル涙ハ

という飯尾彦六左衛門尉の歌は、荒廃した京の都の惨たる情景、当時の人たちの心情を如実に伝えている。『応仁記』の世界、応仁の大乱を象徴する歌である。

上御霊神社が応仁の乱「勃発地」であるという。ここは早良《さわら》親王・井上《いのえ》（いがみ、とも）内親王など不遇な死を遂げた人の霊を祀っている社で、静かさを保っていなければならない聖域である。それが、あろうことか、ここから大乱が始まったのだ。

日本の歴史を振り返ってみると、天災・人災が繰り返し起こっている。地震・津波などが天災であるならば、戦争は人災である。戦争という故意の殺人・殺戮行為で命を失った場合、それは人災というべきであろう。

鎌倉時代の鴨長明（蓮胤）は、『方丈記』に彼が体験した天災地変の記述をしている。火事・辻風・地震・飢饉である。その中に遷都を加えている。火事も遷都も必ずしも天災であるとはいえないけれど、長明は「にはかに」実施された遷都にとまどい、愁いている人の姿を記している。飢饉のときは、なすすべのない者が古寺に入り、仏像を盗み、寺の道具を割り砕いて薪として売ったことを伝えている。長明はそうした世相を「濁悪世」と表現しているが、彼はまさに「末世」到来の感を深くしたに相違ない。養和（一一八一～八二）年間の旱魃・飢饉のときは、築地や道のほとりに飢え死ぬ者が多く、埋葬する者もいないものだから、死臭がただよい「目もあてられぬ事」が多かったと記す。そうして、四・五月の二か月だけで京の都（市街地）には道のほとりに四万二千三百余りの死体が転がっていたと述べている。

室町時代にも同じようなことが起こった。応仁の乱が始まる前の寛正年間は飢饉が頻繁に起こり、多くの餓死者が出た。本書の「応仁記の世界」の項でも触れたが、寛正二年（一四六一）二月晦日、相国寺の僧太極は、日記『碧山日録』に「四条坊の橋の上から上流を見ると、無数の屍が塊石のように流れてきて、流水を遮っていた」と記し、さらに正月・二月のあいだに、洛中の死者は八万二千人も出たと記している。死体が賀茂川の水をせきとめる。考えられない状況である。

『応仁記』によれば、足利義政の住む御所の近くで戦いが行われているのだが、義政はそうしたことはどこ吹く風、酒宴・舞楽・歌会に日々を費やしていた。『応仁記』には「天下ハ破レバ破《やぶれ》ヨ、我身サヘ富貴ナラバ……」と記されているけれど、義政をはじめとして、為政者はこのような姿勢であったのだろう。

『応仁記』には「窮困ナリシ兵共」という表現がある。戦うのは兵隊たちで、彼等の生活は日々の戦いで益々逼迫していった。また「洛中盗賊、南禅寺ニ火ヲカケテ」、「山名方悪党洛中へ乱入放火ス」・「山名方ノ悪僧有テ」・「処々ノ悪党物取共ナリケレバ」、「諸国ノ動乱ノ趣ヲ記《しるす》ナラバ、筆ノ海ヲ尽ミテモ不可《つきるべからざる》尽事也」・「乱世故ニ百官散々ニ成玉フ」・「花洛ハ真ニ名ニ負フ平安城ナリシニ、不量《おもはざる》応仁ノ兵乱ニ依テ、今赤土ト成リニケリ」という表現がある。ここの「悪党」・「悪僧」の「悪」は「強い」だけでなく、字義通り、「悪」の意味も含まれていると思う。

『応仁記』は、もうこれ以上はないという惨状を克明に伝えている。人間世界には、いつもどこかで戦乱が起こっている。人間の欲望は果てしがない。そして所詮、人間は感情の動物。人とのつきあいは好きか嫌いか、である。また、どこまで許すことができるかで、バランスを保っているのであろうが、許すことができない、もはや我慢が限界となったとき、争いが起こる。そうでなくとも、欲望が起こったとき、他を攻撃、侵略することになる。

日本最大の農民一揆・宗教戦争であった島原の乱は、もともとが苛税に対して農民たちが立ち上がったものであった。だから、死んでいった三万七千人の一揆の徒には、常に哀れさがつきまとう。籠城していた彼等は、戦いの終末期には食糧も底をついていたという。

ところで、応仁の乱が終結したとき、人々の心の中には「あの戦いはいったい何であったのか」という疑問がつきまとったに相違ない。人々には疲弊・困窮だけが残った。これが戦乱というものであろう。『応仁記』は戦争の無意味さ、悲惨さを今日に伝えている。

小著は、一九九四年（平成六年）六月、勉誠社（現・勉誠出版）の合戦騒動叢書の一冊として刊行されたものである。今回、ちくま学芸文庫の一冊に加えて下さることになった。一冊の本が出来あがるには、多くの人の協力がいる。最後になったが、筑摩書房の海老原勇氏、北村善洋氏並びに編集部の方々にはたいへんなお世話になった。衷心より御礼申し上げたい。

二〇一七年八月

志村有弘しるす

史跡案内

慈照寺（銀閣寺）

応仁の乱は、京都が主たる戦場の地であり、京都全域が炎上したり、なんらかの被害をこうむっている。この乱で、清水寺・六道珍皇寺・建仁寺・龍安寺・革堂《こうどう》・仁和《にんな》寺《じ》・吉田神社……等々ほとんどの寺社が焼失した。足利義政・日野富子の時代でいえば、応仁の乱の数年前に起こった飢饉・疫病では、無数の人が餓死し、賀茂川の水が累々たる死体のために流れない状態であったという。言い換えると、賀茂川は常に京の異変・悲劇を凝視し続けてきたといえる。

足利義政ゆかりの史跡といえば、第一に上げなければならないのは、京都東山の慈照寺（銀閣寺）である。義政はとりわけ建築好みで、さかんに邸宅の造営に心をくだいている。東山殿の建物は全部で十あったといい、現在残っているのは、銀閣と東求堂（文明十八年〈一四八六〉建立）だけである。東山殿の建物の中でもことに心をこめて造ったのは、東求堂（持仏堂）であった。銀閣の上棟は、延徳元年（一四八九）に行われたが、義政はその完成を見ることなしに他界した。ともあれ、ここが東山文化の発祥・中心地であった。なお、義政の墓は、相国寺にあり、中世の歌人藤原定家、画家の伊藤若冲の墓とともに並んでいる。

等持院

足利十五代の歴史を知るうえでは、なんといっても京都の等持院である。この寺は、足利尊氏が、暦応四年（一三四一）、夢想国師に依頼して創立したものだ。さらに、尊氏・義詮当時の幕府近くにあった等持寺もここに移して、足利家の菩提寺となった。庭園にある十三重の塔は、代々の足利将軍の遺髪塔であり、ここには尊氏の墓もある。

圧巻は、霊光殿である。尊氏の持仏の地蔵菩薩（弘法大師作）を中央に置き、禅宗の開祖達磨大師と夢想国師の木像を左右に置き、足利歴代の将軍の木像（但し、義量と義栄の像を欠く）並びに徳川家康四十二歳のときの木像が安置されている。

上御霊神社・南禅寺・西陣

京都上京区の上御霊神社は、『応仁記』に記されているように、応仁の乱の勃発地である。もともとこの神社は、早良《さわら》親王（崇道天皇）・井上内親王・他戸《おさべ》親王など、政争で不幸な最期を遂げた人の霊を祀るために建てられたものだ。御霊たちも、突然始まった戦いにさぞや驚いたことと思うのだが、神社の前には「応仁の乱勃発地」の石柱が建っている。

南禅寺も、『応仁記』にはしばしば名前が出てくる。乱ののちは、長いあいだ荒廃していたところである。その塔頭の真乗院には西軍の将山名宗全の墓がある。

また、西陣の堀川通りに面して、「山名宗全邸址」の碑が建っており、そこから近いところに、「山名宗全邸宅跡」の碑がある。そこには、

山名宗全は応永十一年（一四〇四）に生まれ、名を持豊といい、後に宗全と号したが、赤ら顔であったので赤入道ともいわれた。但馬をはじめ数ケ国を領し、強大な勢力を持っていた。

子供がなかった将軍足利義政は弟義視《よしみ》を後嗣にしようとしたが、その後、義政

の夫人富子に義尚《よしひさ》が生まれたため、将軍職をめぐる後継者争いが起こり、応仁の乱に発展した。

義尚を擁する宗全は、この邸宅を本陣として、室町今出川の花の御所に陣を置く義視方の細川勝元と東西に分かれて十一年間に及ぶ戦いを繰り広げた。このため、京都の町の大半は焦土と化した。

汝《なれ》や知る都は野辺の夕雲雀
あがるを見ても落る涙は　(飯尾彦六左衛門尉常房)

この地にあった山名家代々の邸宅も焼失し、宗全は文明五年(一四七三)、陣中で没した。

このあたり一帯を西陣と呼ぶのは、宗全が幕府の西に陣を敷いたことによる。

と書かれている。

また、建勲神社に近い青年の家の前には、「応仁永正戦跡　舟岡山」の石柱が建てられている。

妙心寺・龍安寺

京都市右京区の妙心寺は、細川家と縁の深い寺である。塔頭の衡梅院《こうばい》は、文明十二年（一四八〇）に東軍の将細川勝元の子政元が花園天皇離宮趾に開いたものだ。石庭で有名な妙心寺派の龍安寺《りようあん》は、もとは徳大寺家の別荘であったが、宝徳二年（一四五〇）に細川勝元が譲り受けて、義天玄承を請じて寺院とし、義天は師の日峰宗舜を奉じて開山とし、自分は二世となった。一時、応仁の乱で焼失したが、明応八年（一四九九）に細川政元が再興した。

吉田神社

吉田兼倶は、卜部家で代々祀っていた斎場所を文明十六年（一四八四）に京都市左京区の吉田山に移し、吉田神道の根本殿堂とした。義政や富子から信頼され、斎場を開くにあたって、特に富子からは莫大な援助が出された。というよりも、吉田神社の新社殿造営の費用は全て富子が出したと推定される。富子も兼倶に接近したらしいが、兼倶は、権力の座にいる富子を最大限に利用したといえる。

吉田神社の神龍社は、兼倶を祀っている。

百々橋

京都の小川にかかっていた百々橋《どど》(上京区百々町)は、応仁の乱の戦場地であった。近くには織田信長がときおり宿所とした妙顕寺や妙覚寺がある。百々橋の隣の宝鏡寺には日野富子の座像があるが、座像があるのは、もと隣接していた大慈院(明治時代初期まで存在。後光厳《ごこうごん》天皇后崇賢門院が開基。親族の富子はのちにここで出家したという)が蔵していたものを、宝鏡寺に受け継がれたことによる。

華開院

京都市上京区天神筋の華開院に、日野富子の墓がある。この寺は康元二年(一二五七)に後深草天皇皇子の法達親王によって開かれた。後円融院天皇の母藤原仲子、後小松天皇の母藤原厳子の墓が並んであり、その横に富子の墓がある。

足利義政・日野富子・応仁の乱・本書関係年表

永徳元年（一三八一）　赤松満祐《みつすけ》（赤松義則の子）誕生。

応永十一年（一四〇四）　山名持豊《もちとよ》（後の宗全。山名時熙の子）誕生。

永享二年（一四三〇）　細川勝元（細川持之の子）誕生。

八年（一四三六）　正月二日、足利義政（父は足利義教、母は日野重子）誕生。

十一年（一四三九）　足利義視（第六代将軍義教の子。母は家女房小宰相。後に今出川殿と呼ばれる）誕生。

十二年（一四四〇）　日野富子（父は内大臣日野政光（重光）、母は従三位苗子）誕生。

嘉吉元年（一四四一）　六月、赤松満祐、将軍足利義教（足利義満四男）を殺害（嘉吉の乱）。七月、室町幕府、山名持豊らに、赤松満祐の追討を命じる。九月、満祐自殺。

文安二年（一四四五）　細川勝元（十六歳）、管領となる。

宝徳元年（一四四九）　四月、足利義政、征夷大将軍となる。

二年（一四五〇）　六月、畠山持国（管領畠山満家の子）、所領を畠山義就（管領畠山持国の子）に譲る。十月七日、藤原勝光（二十二歳、日野富子兄）参議に任じられる。

三年（一四五一）　正月五日、藤原勝光、従三位に叙され、三月二十六日、権中納言に任じられる。

四年（一四五二）　八月十一日、藤原勝光、正三位に叙さる。

享徳三年（一四五四）　四月、畠山政長（畠山持富の子）、細川勝元を頼る。九月、政長、持国の養子となる。

四年（一四五五）　八月二十七日、権大納言に任じられ、同日、従二位に叙さる。

康正元年（一四五五）　日野富子（十六歳）、足利義政の正室となる。八月二十七日、足利義政、右近衛大将となる。

二年（一四五六）　正月五日、足利義政、右馬寮御監となる。七月、室町幕府、畠山義就と政長を和解させる。

長禄二年（一四五八）　七月二十五日、足利義政（二十四歳）、内大臣に任じられる。

三年（一四五九）　正月、日野富子、男子死産、今参局（大館満冬女）の呪詛との噂が流れる。今参局、琵琶湖沖島に流罪。一月十九日、今参局、甲良寺で、切腹して自害。七月、室町幕府、畠山政長の罪を赦す。この年、斯波義廉《よしかど》（渋川義鏡の子）、足利義政に罷免された斯波義敏のあとを継ぐ。十二月十四日、藤原勝光、正二位に叙さる。

寛正元年（一四六〇）　六月、伊勢貞親、政所執事。八月二十七日、足利義政、左大臣に任じられる。八月、足利義政、左大臣。九月、畠山義就、河内に走る。政長、畠山氏を嗣ぐ。

三年（一四六二）　五月、幕命で、畠山政長・細川成之（細川教祐の子。伯父細川持常養子）など、河内の金胎寺で畠山義就を攻めて、これを破る。

四年（一四六三）　四月、畠山政長、義就の河内嶽山城を攻め落とす。七月十一日、藤原重子を等持院に葬る。十二月、幕府、義就を赦す。政長、河内の若江城に退く。

五年（一四六四）　正月、畠山政長、京都に入る。十一月、足利義政、弟の浄土寺義尋（義《よし》視《み》）を還俗《げんぞく》させて継嗣とする。十一月二十五日、義視、参議に任じられる。十一月二十八日、足利義政、准后宣下。十二月十七日、義視、権大納言に任じられる。

六年（一四六五）　七月二十五日、藤原勝光、従一位に叙さる（三十七歳）。八月、足利義政、京都の東山山荘の地を定める。十一月二十三日、日野富子、義尚を出生。

文正元年（一四六六）　正月六日、足利義視、従二位に叙さる。七月、足利義政、斯波義廉を退け、大内教弘（持世の養嗣子。防・長・豊前・筑前の守護）を後ろ盾とする義敏を立てる。山名持豊（宗全）・細川勝元らは、義廉を擁護。十二月、室町幕府、畠山義就を赦す。

応仁元年（一四六七）　正月五日、足利義視、正二位に叙さる。一月、畠山義就、畠山政長を上御霊神社で破る。二月六日、藤原勝光（三十九歳）、内大臣に任じられる。三月五日、兵革によって、応仁元年と改元する。五月、山名持豊・

畠山義就・斯波義廉ら（西軍）が兵を起こし、これに対して細川勝元ら（東軍）が戦う（応仁の乱）。六月一日、幕府、義視に山名持豊を討たせようとした。六月十三日、細川勝元・赤松政則・細川成之らは山名持豊の砦を攻撃。六月十四日、足利義政、春日神社・東寺・多田院などに天下静謐の祈禱をさせる。六月二十一日、細川勝元は、山名の近所の寺僧を「寺を焼け。後日に三万疋を与える」と持ちかけ、僧が内々にその準備をしていた。山名持豊はそのことを聞き付けて、その寺の長老以下十一人の首を斬る。六月二十二日、西軍、北山鹿苑寺に陣を取り、金堂以下を破却する。七月二十日、大内政弘（大内教弘の長男。西軍の将）、山名持豊の要請で京に上る。七月二十五日、東軍、義廉の邸を攻撃。八月十五日の夜、足利義政、百韻連歌を行う。八月二十三日、天皇・上皇、天下大乱により室町亭に幸す。同夜、義視、ひそかに逃げ落ち、伊勢に赴き、源教具卿の館へ行く。八月二十四日、義政、細川勝元の要請により、西軍に通じている近習が室町殿を追い出す。九月二日、足利義政（三十二歳）、左大臣の官職を辞す。九月十三日、持豊、室町第・勝元の邸を囲んで攻撃。九月十八日、南禅寺焼亡。九月二十日、後花園院、突然自らもとどりを切って出家。十月三日、西軍、東軍を相国寺に攻める。十月十六日、幕府、伊勢大神宮に天下の静謐を祈らせる。十月十七日、法皇、足利義政の百韻連句に勅点を加える。大内政弘、相国寺に陣する。

畠山義就、山名第の西に陣する。十一月十日、義政、五十韻連歌を行う。十一月二十八日、義尚、髪置および着袴の儀を行う。十二月七日、東軍、大内政弘の船岡山の営を攻撃。

二年（一四六八）　二月二十四日、義政、尾張知多郡を伊勢貞宗に預ける。三月二十一日、義政、第二子（義覚）誕生。三月二十二日、義政、百韻連歌会を催す。四月九日、義政、書簡を義視に送って上京を促す。四月二十三日、義政、百韻連歌会を催す。九月、一条教房（摂政藤原兼良の子。時に前関白・前左大臣）、土佐に下向。足利義視、足利義政の召しによって京に入る。閏十月、義政、伊勢貞親（伊勢貞国の子）を再び政所執事とする。十一月、義視、比叡山に逃れ、山名らの西軍に頼る。十一月、藤原勝光、内大臣を辞す。十二月、足利義視、敵陣に赴いたため、解却。

文明元年（一四六九）　正月二十八日、幕府、連歌会始、義政、百韻を詠む。五月、少弐頼忠ら、細川勝元の要請に応じる。六月十八日、義政の子義覚（三歳）、醍醐寺座主となる。九月九日、義政、百首和歌を詠む。十月、東軍、大内政弘を破る。

二年（一四七〇）　七月、大内政弘、醍醐寺を焼く。十二月、後花園法皇没（五十五歳）。

三年（一四七一）　二月五日、後花園院の五七日忌、聖寿寺で修し、義政・富子詣でる。二月十一日、後花園院六七日忌、聖寿寺で行われ、義政、焼香に詣でる。二月十六日、義政・富子、聖寿寺で恵忍上人を戒師として円頓戒を受ける。二月二十三日、義政、参内して金と太刀を献じる。三月、義政、一字露顕の連歌を詠む。四月二十八日、義政、北小路第で猿楽を見る。五月、朝倉教景（のちに孝景。孫右衛門尉、弾正左衛門尉と号す。越前守護代朝倉家景の子。応仁の乱では斯波義廉を奉じて、山名方の西軍に味方し、斯波義敏の越前侵入を止めた）、東軍に降る。八月三日、義政、富子と不和、細川勝元の新邸に移る。閏八月二十七日、義政、朽木貞綱らに六角高頼ら追討の命令を出す。同日、義政、児玉修理亮らに、毛利豊元追討の命令を出す。同二十九日、義政、細川勝元邸から室町に帰る。十一月十九日、義政・富子参内して宴に出席。この年、伊勢貞親、官を辞して出家。

四年（一四七二）　八月、山名持豊、隠退。十二月二十一日、伊勢大神宮祭主藤波秀忠、幕府の命で義政父子の重厄の祈禱を行う。

五年（一四七三）　正月二十一日、伊勢貞親没（五十七歳。法号、常慶悦堂聴松院）。三月十八日、山名持豊没（七十歳。法号、遠碧院崇峰宗全。墓は、京都の南禅寺真乗院遠碧院にある）。五月十一日、細川勝元没（法名崇法、龍安寺と号す。四十四歳）。十月、畠山義就、出兵。十二月十九日、足利義政、足利義尚（九歳）に征夷大将軍の職を譲る。同二十五日、義尚、義政とともに初めて参内。

六年（一四七四）　二月二日、義政・富子、参内。三月三日、義政、小川御所に移る。三月

十二日、義政、連歌興行。三月二十日、義政、富子と義尚を小川の新第に招いて猿楽を催す。三月二十八日、義政・富子、参内して宴に出席。四月、山名政豊（持豊の孫。持豊の死後山名氏の惣領を継ぐ）と細川政元（勝元の子）講和。五月四日、富子、関白二条政嗣の女を義尚の妻に迎えようとして、あらかじめ猶子とする。七月十三日、義政の女三時智恩寺（入江殿）、腹の病気で死去（八歳）。八月一日、義政、三条西実隆に『林葉集』・『俊恵集』を書写させる。同五日、義政、富子・義尚とともに誓願寺の鋳鐘を見物。八月十九日、富子罹病、大覚寺大僧正性深に祈禱させる。十月二日、義尚、義政、富子、鹿苑寺に紅葉を見る。十一月三日、義政、実隆に『続後拾遺集』を書写させる。

七年（一四七五）　九月十七日、足利義尚（十一歳）、参議に任じられる。十一月、室町幕府、延暦寺に六角高頼を討伐させる。

八年（一四七六）　正月六日、足利義尚、従三位に叙さる。五月十六日、藤原勝光、左大臣に任じられるが、六月十四日に辞す。六月十五日、勝光没（四十八歳。唯称院と号す）。九月、足利義政、大内政弘に東西両軍の和睦を計らせる。

九年（一四七七）　正月六日、足利義尚、正三位に叙さる。九月、畠山義就、河内へ走る。畠山政長、義就追討の宣旨を受ける。十一月、土岐成頼、足利義視を奉じて美濃へ帰る。大内政弘・畠山義就ら領国へ帰る。応仁の乱、終結。

十年（一四七八）　七月、足利義政、足利義視と和睦。

十一年（一四七九）　正月五日、足利義尚、従二位に叙さる。三月、室町幕府、内裏造営の段銭を越前に、棟別銭を近畿に課す。

十二年（一四八〇）　三月二十五日、足利義尚（十六歳）、権大納言に任じられる。五月、足利義尚と足利義政が不和となる。十二月、足利義澄（堀越公方政知の子。足利義教孫）誕生。

十三年（一四八一）　正月、足利義政と日野富子が不和となる。

十四年（一四八二）　二月、足利義政、京都東山の銀閣寺の造営を始める。七月、細川政元・畠山政長、畠山義就を討つために兵を出す。政元、義就と和睦。

十五年（一四八三）　三月二十一日、足利義尚、従一位に叙さる。六月、足利義政、銀閣寺に移る。八月、畠山義就、河内で畠山政長と合戦。

十六年（一四八四）　六月、畠山義就、畠山政長と宇治で合戦。十一月、京都に土一揆。

十七年（一四八五）　五月、室町幕府、京都の七口に新関を設置する。六月十五日、足利義政、嵯峨三会院で出家。八月、山城・大和・河内に土一揆。八月二十八日、足利義尚、右近衛大将を兼ねる。十二月、山城の国一揆。

十八年（一四八六）　八月、京都に徳政一揆。

長享元年（一四八七）　九月、足利義尚、六角高頼を討つため、近江の坂本に陣を構える。高頼、甲賀に退く。

二年（一四八八）　七月、赤松政則、山名政豊を破り、播磨・備前・美作を回復。九月、京

延徳元年（一四八九）　都土一揆。九月十七日、足利義尚、内大臣に任じられる。

　二年（一四九〇）　三月二十六日、足利義尚、近江の陣中に病没（二十五歳）。四月、足利義視、子息義材（義稙）と共に美濃より京に入り、三条東洞院通り通賢寺の方丈に居住する、同二十七日に出家、法名は道存。

　　　　　　　　　正月七日、足利義政没（五十五歳。法号、慈照院喜山道慶。墓は、京都市の相国寺にある）。七月、足利義稙、征夷大将軍となる。閏八月、京都土一揆。

　三年（一四九一）　正月、三条通玄寺で、足利義視没（五十五歳。法号、大智院久山道存）。八月、足利義稙、六角高頼を討つために近江に出兵。細川政元、近江守護となる。

明応元年（一四九二）　九月、室町幕府、六角高頼を破る。十二月、高頼軍、伊勢に下る。

　二年（一四九三）　閏四月、細川政元、畠山政長を河内に攻める、政長自殺。政元は、義稙を廃して清晃（義澄）を擁立。八月、伊勢貞宗（伊勢貞親の子）、山城守護となる。

　三年（一四九四）　十二月、足利義澄、征夷大将軍となる。

　四年（一四九五）　十月、京都土一揆。

　五年（一四九六）　五月二十日、日野富子没（五十七歳。法号、妙善院従一位慶山大禅定尼）。

文亀二年（一五〇二）　正月、山名政豊没。

永正四年（一五〇七）　六月二十三日、細川政元暗殺される（四十二歳）。八月、細川高国（細川政春の子。細川政元養子）ら、政元の養子澄之を殺害。

五年（一五〇八）　四月、足利義澄、足利義稙に追われて京都を逃れ出る。七月、義稙、将軍に復帰する。

【関係系図】

○足利氏

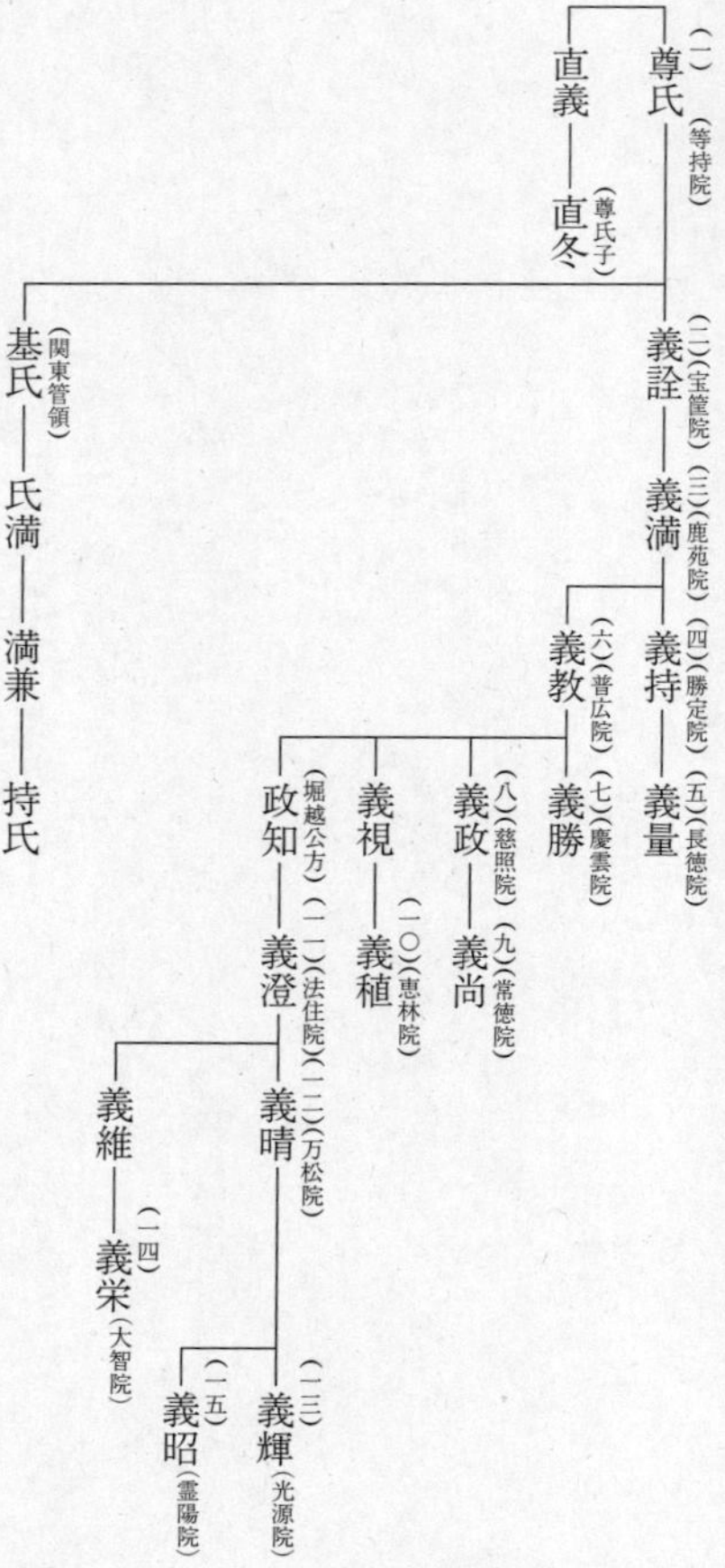

(一)尊氏(等持院)
直義
直冬(尊氏子)
(二)義詮(宝篋院)
(三)義満(鹿苑院)
(四)義持(勝定院)
(五)義量(長徳院)
(六)義教(普広院)
(七)義勝(慶雲院)
(八)義政(慈照院)
(九)義尚(常徳院)
義視
(一〇)義稙(恵林院)
政知(堀越公方)
(一一)義澄(法住院)
(一二)義晴(万松院)
(一三)義輝(光源院)
(一五)義昭(霊陽院)
義維
(一四)義栄(大智院)
基氏(関東管領)
氏満
満兼
持氏

○山名氏

持豊（宗全）
- 教豊―政豊
- 是豊―頼忠
- 勝豊―豊時
- 時豊
- 豊久
- 女子（細川勝元室）
- 女子（斯波義廉室）

○細川氏

持之―勝元―政元

○畠山氏

基国
- 満家
  - 持国―義就
  - 持富―政長
  - 持永
- 満則―義忠―政国―義統

○斯波氏

義健
- ＝義廉
- ＝義敏―義良―義達―義統―義銀

参考文献

①原文関係

『北条九代記　重編応仁記』国民文庫刊行会・明治四十五年
『群書類従』第二十輯「応仁記」「嘉吉記」続群書類従完成会・昭和七年
『改定史籍集覧』第三冊「応仁広記」「応仁前記」「応仁後記」すみや書房・昭和四十二年
『史籍集覧』「応仁乱消息」近藤活版所・明治三十五年
『応仁記　応仁別記』和田英道編・古典文庫・昭和五十三年
『碧山日録』増補続史料大成・臨川書店・昭和五十七年

②辞典・基本図書

『国史大系』「公卿補任」経済雑誌社・明治三十二年
『国史大系』「尊卑分脈」吉川弘文館・昭和三十三年
『読史備要』東京大学史料編纂所編・昭和八年
『史料綜覧』巻八「室町時代之二」東京大学出版会・昭和四十五年覆刻
歴史学研究会編『日本史年表』岩波書店・昭和四十一年
『大日本史料』第八編之一～七・東京大学出版会・昭和四十三～四十五年覆刻

『群書系図部集』「足利系図」続群書類従完成会・昭和六十年
安田元久編『鎌倉・室町人名事典』新人物往来社・昭和六十年
古典遺産の会編『室町軍記騒乱』明治書院・昭和六十年
日置昌一編『日本系譜綜覧』講談社学術文庫・平成二年
日置昌一編『日本歴史人名辞典』講談社学術文庫・平成二年

③歴史関係書

荻野由之編『応仁の乱』博文館・大正二年
芳賀幸四郎『東山文化』塙書房・昭和三十七年
中村直勝『東山殿義政私伝』河原書店・昭和四十五年
永井路子『日本史にみる女の愛と生き方』鎌倉書房・昭和四十七年、新潮文庫・昭和五十八年
古川薫『大内氏の興亡：西海の守護大名』創元社・昭和四十九年
山崎正和『室町記』朝日新聞社・昭和四十九年
京都新聞社編『歴史散歩　京に燃えた女』京都新聞社・昭和四十九年
永原慶二『日本の歴史10　下剋上の時代』中公文庫・昭和四十九年
武田光弘編『赤松一族』日本家系協会出版部・昭和四十九年
海音寺潮五郎『悪人列伝3』文春文庫・昭和五十一年
永井路子『歴史をさわがせた女たち　日本篇』文春文庫・昭和五十三年
吉村貞司『日野富子』中央公論社・昭和六十年

須藤儀門『室町武士遊佐氏の研究』叢文社・平成五年
森田恭二『足利義政の研究』和泉書院・平成五年
小川信『山名宗全と細川勝元』新人物往来社・平成六年
風巻絃一『炎の女　日野富子の生涯』三笠書房・平成五年
小林千草『応仁の乱と日野富子』中公新書・平成五年
神木哲男「室町幕府の財政を再建した日野富子の経済学」『歴史街道』平成五年十一月
松本幸子『日野富子　物語と史蹟をたずねて』成美堂出版・平成六年

④雑誌特集

「特集　争乱室町戦記」『歴史読本』新人物往来社・昭和四十三年六月
「特集　血の抗争史足利将軍家」『歴史読本』新人物往来社・昭和五十八年四月
「日野富子の謎」『歴史研究』新人物往来社・平成二年九月
「日野富子　愛と闘いの生涯」『歴史読本』新人物往来社・平成六年六月

⑤文学作品

稲垣一城『花の御所』光風社・昭和三十八年
池波正太郎『応仁の乱』東方社・昭和三十九年
唐木順三『応仁四話』筑摩書房・昭和四十一年
平岩弓枝『日野富子』読売新聞社・昭和四十六年

宇野信夫『花の御所始末』光風社書店・昭和四十九年
永井路子『銀の館　上・下』文春文庫・昭和五十八年
三山晃生『室町夢幻物語』祥伝社・昭和六十二年
徳永真一郎『近江源氏太平記　上・下』毎日新聞社・平成三年
内村幹子『富子繚乱』講談社・平成五年
山田正三『日野富子』勁文社・平成六年
寺林đ『妖華　日野富子』廣済堂・平成六年

付記　参考・参照文献の刊行年は、使用した資料との関係からか、元号表記の書籍が多かったことから、元号に統一して記した。また、本書元版刊行後の文献も若干付加した。

本書は一九九四年六月一日、勉誠社（現・勉誠出版）より『日本合戦騒動叢書2　応仁記』として刊行された。文庫化にあたり、タイトルを改めた。

法然の衝撃　阿満利麿

法然こそ日本仏教を代表する巨人であり、ラディカルな革命家だった。鎮魂慰霊を超えて救済の原理を指し示した思想の本質に迫る。

親鸞・普遍への道　阿満利麿

絶対他力の思想はなぜ、どのように誕生したのか。日本の精神風土と切り結びつつ普遍的救済への回路を開いた親鸞の思想の本質に迫る。（西谷修）

歎異抄　阿満利麿訳／注／解説

没後七五〇年を経てなお私たちの心を捉える、親鸞の言葉。わかりやすい注と現代語訳、今どう読んだらよいか道標を示す懇切な解説付きの決定版。

親鸞からの手紙　阿満利麿

現存する親鸞の手紙全42通を年月順に編纂し、現代語訳と解説で構成。これにより、親鸞の人間的苦悩と宗教的深化が、鮮明に現代に立ち現れる。

行動する仏教　阿満利麿

戦争、貧富の差、放射能の恐怖……。このどうしようもない世の中でも、絶望せずに生きてゆける、21世紀にふさわしい新たな仏教の提案。

無量寿経　阿満利麿注解

なぜ阿弥陀仏の名を称えるだけで救われるのか。法然や親鸞がその理解に心血を注いだ経典の本質を、懇切丁寧に説き明かす。文庫オリジナル。

道元禅師の『典座教訓』を読む　秋月龍珉

「食」における禅の心とはなにか。道元が禅寺の食事係である典座の心構えを説いた一書を現代人の日常の視点で読み解き、禅の核心に迫る。（竹村牧男）

原典訳 アヴェスター　伊藤義教訳

ゾロアスター教の聖典『アヴェスター』から最重要部分を精選。原典から訳出した唯一の邦訳である。（前田耕作）

カトリックの信仰　岩下壮一

神の知恵への人間の参与とは何か。近代日本カトリシズムの指導者・岩下壮一が公教要理を詳説し、キリスト教の精髄を明かした名著。（稲垣良典）

十牛図　上田閑照／柳田聖山

禅の古典「十牛図」を手引きに、自己と他、自然と人間、自身への関わりを通し、真の自己への道を探る。現代語訳と詳注を併録。（西村惠信）

原典訳 ウパニシャッド　岩本裕編訳

インド思想の根幹であり後の思想の源ともなったウパニシャッド。本書では主要篇を抜粋、梵我一如、輪廻・業・解脱の思想を浮き彫りにする。（立川武蔵）

世界宗教史（全8巻）　ミルチア・エリアーデ

宗教現象の史的展開を膨大な資料を博捜し著された人類の壮大な精神史。エリアーデの遺志にそって共同執筆された諸地域の宗教の巻を含む。

世界宗教史1　ミルチア・エリアーデ　中村恭子訳

人類の原初の宗教的営みに始まり、メソポタミア、古代エジプト、インダス川流域、ヒッタイト、地中海地域、初期イスラエルの諸宗教を収める。

世界宗教史2　ミルチア・エリアーデ　松村一男訳

20世紀最大の宗教学者のライフワーク。本巻はヴェーダの宗教、ゼウスとオリュンポスの神々、ディオニュソス信仰等を収める。（荒木美智雄）

世界宗教史3　ミルチア・エリアーデ　島田裕巳訳

仰韶、竜山文化から孔子、老子までの古代中国の宗教と、バラモン、ヒンドゥー、仏陀とその時代、オルフェウスの神話、ヘレニズム文化などを考察。

世界宗教史4　ミルチア・エリアーデ　柴田史子訳

ナーガールジュナまでの仏教の歴史とジャイナ教から、ヒンドゥー教の総合、ユダヤ教の試練、キリスト教の誕生などを収録。（島田裕巳）

世界宗教史5　ミルチア・エリアーデ　鶴岡賀雄訳

古代ユーラシア大陸の宗教、八―九世紀までのキリスト教、ムハンマドとイスラーム、イスラームと神秘主義、ハシディズムまでのユダヤ教など。

世界宗教史6　ミルチア・エリアーデ　鶴岡賀雄訳

中世後期から宗教改革前夜までのヨーロッパの宗教運動、宗教改革前後における宗教、魔術、ヘルメス主義の伝統、チベットの諸宗教を収録。

世界宗教史7
ミルチア・エリアーデ
奥山倫明／木塚隆志／
深澤英隆訳
エリアーデ没後、同僚や弟子たちによって完成された最終巻の前半部。メソアメリカ、インドネシア、オセアニア、オーストラリアなどの宗教。

世界宗教史8
ミルチア・エリアーデ
奥山倫明／木塚隆志／
深澤英隆訳
西・中央アフリカ、南・北アメリカの宗教、日本の神道と民俗宗教。啓蒙期以降ヨーロッパの宗教的創造性と世俗化などを収録。全8巻完結。

シャーマニズム(上)
ミルチア・エリアーデ
堀一郎訳
二〇世紀前半までの民族誌的資料に依拠し、宗教史学の立場から構築されたシャーマニズム研究の金字塔。エリアーデの代表的著作のひとつ。

シャーマニズム(下)
ミルチア・エリアーデ
堀一郎訳
宇宙論的・象徴論的概念を提示した解釈は、霊魂の離脱（エクスタシー）という神話的な人間理解として現在も我々の想像力を刺激する。（奥山倫明）

回教概論
大川周明
最高水準の知性を持つと言われたアジア主義者の力作。イスラム教の成立経緯や、経典などの要旨が的確に記された第一級の概論。（中村廣治郎）

原典訳 チベットの死者の書
川崎信定訳
死の瞬間から次の生までの間に魂が辿る四十九日の旅――中有（バルドゥ）のありさまを克明に描き、死者に正しい解脱の方向を示す指南の書。

旧約聖書の誕生
加藤隆
旧約聖書は多様な見解を持つ文書を寄せ集めて作られた書物である。各文書が成立した歴史的事情から旧約を読み解く。現代日本人のための入門書。

神道
トーマス・カスーリス
衣笠正晃訳
守屋友江監訳
日本人の精神構造に大きな影響を与え、国の運命をも変えてしまった「カミ」の複雑な歴史を、米比較宗教学界の権威が鮮やかに描き出す。

空海コレクション1
空海
宮坂宥勝監修
主著『十住心論』の精髄を略述した『秘蔵宝鑰』、及び顕密を比較対照して密教の特色を明らかにした『弁顕密二教論』の二篇を収録。（立川武蔵）

空海コレクション2　空海　宮坂宥勝監修
真言密教の根本思想『即身成仏義』『声字実相義』『吽字義』及び密教独自の解釈による『般若心経秘鍵』と『請来目録』を収録。（立川武蔵）

空海コレクション3
秘密曼荼羅十住心論（上）　福田亮成校訂・訳
日本仏教史上最も雄大な思想書。無明の世界から抜け出すための光明の道を、心の十の発展段階（十住心）として展開する。上巻は第五住心までを収録。

空海コレクション4
秘密曼荼羅十住心論（下）　福田亮成校訂・訳
下巻は、大乗仏教から密教へ。第六住心の唯識、第七中観、第八天台、第九華厳を経て、第十の法身大日如来の真実をさとる真言密教の奥義までを収録。

鎌倉仏教　佐藤弘夫
宗教とは何か。それは信念をいかに生きるかということだ。法然・親鸞・道元・日蓮らの足跡をたどり、鎌倉仏教を「生きた宗教」として鮮やかに捉える。

観無量寿経　佐藤春夫訳・注　石田充之解説
我が子に命狙われる「王舎城の悲劇」で有名な浄土仏教の根本経典。思い通りに生きることのできない我々を救う究極の教えを、名訳で読む。（阿満利麿）

大乗とは何か　三枝充悳
仏教が世界宗教としての地位を得たのは大乗仏教においてである。重要経典・般若経の成立など諸考察を収めた本書は、仏教への格好の入門書となろう。

道教とはなにか　坂出祥伸
「道教がわかれば、中国がわかる」と魯迅は言った。伝統宗教として現在でも民衆に根強く崇拝されている道教の全貌とその究極的真理を詳らかにする。

増補　日蓮入門　末木文美士
多面的な思想家、日蓮。権力に挑む宗教家、内省的な理論家、大らかな夢想家など、人柄に触れつつ遺文を読解き、思想世界を探る。（花野充道）

反・仏教学　末木文美士
人間は本来的に、公共の秩序に収まらないものを抱えた存在だ。〈人間〉の領域＝倫理を超えた他者／死者との関わりを、仏教の視座から問う。

禅に生きる　鈴木大拙コレクション　鈴木大拙　守屋友江編訳

静的なイメージで語られることの多い大拙。しかし彼の仏教は、この世をよりよく生きていく力を与えるアクティブなものだった。その全貌に迫る著作選。

空海入門　竹内信夫

空海が生涯をかけて探求したものとは何か——。稀有な個性への深い共感を基に、著作の入念な解釈と現地調査によってその真実へ迫った画期的入門書。

原始仏典　中村元

釈尊の教えを最も忠実に伝える原始仏教の諸経典の数々。そこから、最重要な教えを選りすぐり、極めて平明な注釈で解く。（宮元啓一）

原典訳 原始仏典（上）　中村元編

原パーリ文の主要な聖典を読みやすい現代語訳で。上巻には「偉大なる死」（大パリニッバーナ経）「本生経」「長老の詩」などを抄録。

原典訳 原始仏典（下）　中村元編

下巻には「長老尼の詩」「アヴァダーナ」「百五十讃」「ナーガーナンダ」などを収める。ブッダのことばに触れることのできる最良のアンソロジー。

選択本願念仏集　法然　石上善應訳・注・解説

全ての衆生を救わんと発願した法然は、ついに、念仏すれば必ず成仏できるという専修念仏を創造し、本書を著した。菩薩魂に貫かれた珠玉の書。

一百四十五箇条問答　法然　石上善應訳・解説

人々の信仰をめぐる百四十五の疑問に、法然が分かりやすい言葉で答えた問答集を、現代語訳して文庫化。これを読めば念仏と浄土仏教の要点がわかる。

龍樹の仏教　細川巌

第二の釈迦と讃えられながら自力での成仏を断念した龍樹は、誰もが仏になれる道の探求に打ち込んでいく。法然・親鸞を導いた究極の書。（柴田泰山）

阿含経典1　増谷文雄編訳

ブッダ生前の声を伝える最古層の経典の集成。第1巻は、ブッダの悟りの内容を示す経典群、人間の肉体と精神を吟味した経典群を収録。（立川武蔵）

ちくま学芸文庫

現代《げんだい》語《ご》訳《やく》 応仁記《おうにんき》

二〇一七年十一月十日 第一刷発行

訳 者 志村有弘（しむら・くにひろ）

発行者 山野浩一

発行所 株式会社 筑摩書房
東京都台東区蔵前二―五―三 〒一一一―八七五五
振替〇〇一六〇―八―四一二三

装幀者 安野光雅

印刷所 星野精版印刷株式会社

製本所 株式会社積信堂

乱丁・落丁本の場合は、左記宛にご送付下さい。
送料小社負担でお取り替えいたします。
ご注文・お問い合わせも左記へお願いします。
筑摩書房サービスセンター
埼玉県さいたま市北区櫛引町二―六〇四 〒三三一―八五〇七
電話番号 〇四八―六五一―〇〇五三

ISBN978-4-480-09826-9 C0121